内部告発と公益通報者保護法

角田邦重・小西啓文 編
Sumida Kunishige & Konishi Hirofumi

法律文化社

はしがき

北海道の「白い恋人」、三重の「赤福」と、賞味期限の改ざん等をめぐり企業の不祥事が続いているが、これらが明らかになったのはいずれも関係者による内部告発を契機としている点で共通している。

従来から、内部告発は企業の派閥・人事抗争をめぐって用いられてきたが、社会的に注目を浴びてきたのは、労働組合の情宣活動の一環としての内部告発であった。しかし、「内部告発の時代」とも呼ばれる今日、内部告発の主体は労働組合から労働者個人へと移行しつつある。この背景に、企業への忠誠心よりも、消費者として、生活者としての心情を重視する労働者が増加していることを指摘することができるが、このような内部告発は、マスメディアを媒介して世論に好意的に受け入れられたこともあり、この間いわば内部告発の連鎖的発生とも称すべき事態が形作られてきたように見受けられる。

このような告発に対応すべく、公益通報者保護法は登場したはずであった。同法はネガティブなイメージをもつ「内部告発」という言葉にかえて、一定の要件をクリアすることを条件に、社会の利益に適うというイメージが付与される「公益通報」という概念を用意することで大きなアナウンスメント効果をもつことになったのである。それにもかかわらず、現実には、公益通報のための社内ルールを飛び越えて、報道機関等へのメール・投書などその匿名性を利用した手段による告発が後を絶たない。それはなぜなのか。

そもそも公益通報者保護法は、「公益」の概念を消費者保護の観点からとらえようとし、適用対象を罰則を有する法違反に限定している。しかも、企業の就業規則のなかに企業内部に設置された苦情窓口への通報を義務付ける規定を置けば、合理的な就業規則は労働契約の内容になるという学説に基づくと、企業外への通報は困難になるという問題も生じるおそれすらある。このような法によるルール設定の仕方については、再考を促さざるをえない。

社会の発展にとって、企業の違法行為が内部告発によって日の目をみることが望ましいことについて、異論を唱えるものはいないであろう。そのために犠牲を払って、自分のキャリアを棒にふってでも告発する労働者に対して企業の制裁から守るための手立てが必要なことも、いうまでもないことである。しかし、今日の状況は、なにか——監視社会ではないが——匿名性を武器にした、告発者の側からの復讐という色彩を強めて進行している感も否めないのである。内部告発の多発化は企業社会にとって決して正常な姿ではないであろう。そこで、今一度冷静に、内部告発がなぜ社会にとって必要なのか、どのような内部告発であれば保護されるべきなのか、公益通報者保護法が機能不全に陥っているとしたら、どこに問題があり、どのように改善していくべきなのか、検討し直す時期に差し掛かっているように思われてならない。

この点、筆者らはすでに『時の法令』（朝陽会刊）で二〇〇六年四月から一年間にわたり、「内部告発と公益通報者保護法」という題名で連載執筆する経験をもつ。その連載に不足していた外国法紹介の部分を追加し、今回一冊の本として上梓することにした。

本書は、研究者は言うに及ばず、内部告発をすべきか考えている労働者、内部告発される側としての企業、内部告発の主体にも、その窓口にもなりうる労働組合、匿名の内部告発を受け報道すべきかの判断を迫られる報道機関、通報処理機関としての行政、さらには今後の公益通報者保護法の改正の際の議論にとっても十分な示唆を与えられるものと信じる次第である。

連載を本として纏めることをご快諾頂いた株式会社朝陽会、そして出版事情の悪いなか、困難な作業を引き受けてくださった法律文化社に厚く御礼申し上げる。また編集に際しては、連載時には雅粒社の坂本知枝美氏、そして本に纏めるにあたっては法律文化社の小西英央氏、尾﨑和浩氏に大変お世話になったことを付記しておく。

筆者を代表して　編者記す

目次

第Ⅱ部　企業・労働者・行政へのインパクト

第Ⅲ部　内部告発をめぐる判例

第Ⅳ部　内部告発に対する諸外国の法制

第Ⅰ部　制定の背景と課題

公益通報者保護法は、二〇〇二年一二月に第一八次国民生活審議会消費者政策部会に検討委員会が発足して後、二〇〇三年五月に消費者政策部会が取りまとめた「二一世紀型の消費者政策のあり方」に制度の提言が盛り込まれ、二〇〇四年六月一四日に可決・成立し、二〇〇六年四月一日から施行された。

　この立法の背景に、食品の虚偽表示や自動車のリコール隠し事件が続発したことと、それらが労働者の内部告発によって明らかになったことがあることは異論のないところである。勇気を振り絞って社会に向けて企業の不祥事を内部告発した労働者が解雇され、不利益な取扱いを受けるという事態が散見されてきた過去を踏まえれば、同法の施行は、企業への忠誠心と社会へ真実を伝えたいという倫理観との間で揺れ動く労働者にとって歓迎されるべきものであろう。

　しかし現実は、同法が施行されたにもかかわらず、同法が用意する公益通報の手続きを踏まない内部告発が繰り返されている。それはなぜであろうか。

　そこで第Ⅰ部は、公益通報者保護法の立法の背景と制度の概要を紹介し、同法の意義と限界について、「公益」という言葉のもつ意味合いに関連づけながら紹介してみよう。

第1章　制度導入の背景

小西　啓文

1　はじめに

近年、食品の虚偽表示や自動車のリコール隠し事件に見られるように、消費者の信頼を裏切る企業不祥事が続発し、一部の事業者は市場からの撤退を余儀なくされたのであるが、これらの犯罪行為や法令違反行為の多くが事業者内部の労働者等からの通報（いわゆる「内部告発」）を契機として明らかにされたことは記憶に新しい。

もちろん、犯罪行為や法令違反行為は許されるものではなく、事業者による法令遵守（コンプライアンス）や国民の生命・身体・財産などへの被害防止の観点からは、労働者が公益のためにする内部告発は正当な行為として評価されてしかるべきである。しかしながら現実には、内部告発を行った労働者が事業者による報復を受けるケースが後を絶たない。

これに対する国の対応は、二〇〇二年一二月、第一八次国民生活審議会消費者政策部会に公益通報者保護制度検討委員会を設置し、制度の具体的内容について検討するというものであった。その後、二〇〇三年五月に消費者政策部会が取りまとめた「二一世紀型の消費者政策の在り方」の中に公益通報者保護制度の提言が盛り込まれ、内閣府は同部会報告を踏まえ、「公益通報者保護法案（仮称）の骨子（案）」を策定した。政府は、これをもとに作成した「公益通報者保護法案」を閣議決定、第一五九回国会へ提出後、二〇〇四年六月一四日に原案の通り可決・成立し、同法は二〇〇六年四月一日から施行されることになったのである。[*1]

それでは公益通報者保護法の施行によって、果たしてこれまでの内部告発の問題――勇気を振り絞って告発した労働者に対する使用者の報復――は解消されることになるのであろうか。もちろん解決の一助にはなるであろうが、この問題は、企業として生き残るために秘密を守りたいという企業側の思惑と、企業の対面を害してでも内情を世間に知らせたいという労働者側のプライドの衝突という、きわめてプリミティブな労使関係に及ぶものであり、国が法律を成立させたという一事をもってすべて解決できるというほど簡単なものでもなさそうである。

そこで、同法の施行状況を踏まえながら、他国の状況、これまでの判例の蓄積、現実の企業・労働組合・行政の対応などの観点から、内部告発の問題をどのように考えるべきかについて多角的に検討することが必要となる。本章ではまず、内部告発がこれまでどのように問題とされてきたのかを、告発の動機の点で典型的な二つの事件を取り上げることによって検討し、内部告発のもつ「古さ」と「新しさ」を

＊1　上村秀紀「法令解説　公益通報者保護制度の創設――公益通報者保護法」時の法令一七二四号（二〇〇四）二六頁以下。

抽出してみたい。

2　二つの事件

(1)　日本計算器事件[*2]

この事件は、労働組合が、組合役員に不利益となる人事異動の発令撤回交渉のいきづまりその他の劣勢を挽回するため、メッキ作業場における異臭発生および工場廃液排出につき下流の一部の水田に被害が生じたことに関し、組合名義で以下のような二通のビラを配布したことに端を発する。

全金労組日本計算器支部（全金労組）が一九六九年一〇月二一日、組合名義をもって発行した「町民の皆さんをはじめ一〇月二一日丹後大集会参加の皆さんに訴えます」と題するビラには、「いつ災害や公害が発生するかもしれない職場の状況！先日峰山製作所のメッキ職場で電解脱脂液に塩酸が混入、有毒ガス（シアンガス、塩素ガス）が発生し、労働者が苦痛を訴えるという危険な事態が起きました。……最近峰山町内（丹波地区）の農作物（水稲）が大きな被害を受けていることが判明し、地域でも『工場廃液』が原因ではないかとその調査が始められている矢先でもあります。私達の独自調査の中で実際に会社がやらせている処理方法では、農作物への被害も起こりうるということがわかりました」と記載され、その後も、「町民

＊2　京都地峰山支判昭四六・三・一〇労判一二三号六頁。

の皆さんに訴えます」というビラで「過日もメッキ作業中毒ガスが発生し、生命の危険がおびやかされました。しかもメッキ廃液もいいかげんな処理をして川に流しています。今年も丹波地区の農家では田植をしても枯れ、二回も植替したとか、又収穫も少なく騒がれています」と再度同趣旨の記載をしたのであった。

これに対して会社が、ビラの記載内容はいずれも事実に反する虚構の記載であるとして、労働協約の「故意又は重大な過失により会社に損害を与え……会社の信用を毀損した」およびその他の懲戒解雇事由に該当するとして、組合三役を懲戒解雇したことを受け、これを不服とする組合三役が地位保全等を求めて提訴したのであった。

京都地裁は、「本件異臭の発生源が窒化試液であるか、あるいはシアンガスであるかについては、それぞれその発生を推認させる根拠はあるが、そのいずれとも断定する根拠」はなく、「本件二種のビラの記事は、全面的に真実ともいえないし、さりとて虚構の事実ともいい難い。そして多少の誇張を伴っている反面、申請人らがこれを真実であると信じるにつき相当の理由があったこともまた否定しえない」とした上で、「公表された実情が真実に基づくときは、使用者は当然これを受忍すべきもの」であり、たとえ真実とまでいえなくても、「客観的にみて公害の一因であると信ずるにつき合理的理由があると判断すべき事実が公表伝達されたときは、使用者としては、これを正当な組合活動として矢張り受忍すべき」であるから、このような合理的理由のある文書活動を理由とする懲戒解雇処分は解雇権の濫用であり、無効である、とした。

(2)　トナミ運輸事件[*3]

次に紹介するのは、内部告発をきっかけに二六年以上仕事を与えられず、昇格もないとして、労働者が勤務先のトナミ運輸を相手取り損害賠償を求めて提訴したトナミ運輸事件である。

一九七四年一〇月、公正取引委員会（公取委）は運輸業界五団体とトラック業者の本支店一九カ所を私的独占の禁止及び公正取引の確保に関する法律（独占禁止法）違反容疑で一斉に立ち入り検査した。

当時、トラック運輸業界では違法な水増し運賃が横行し、運輸会社間の自由競争がない状態だった。「違法カルテルのもとで、不正な運賃を取ることが許されるのか」。原告が岐阜営業所員だったころ、何度か上司に直訴したものの、だれも取り合わない。「会社の社会的責任を明らかにすべきだ」という思いから、一九七四年七月末ごろに本件ヤミカルテル締結の事実を新聞社に告発し、その後、公取委に訴えたのであった。しかし公取委の立入検査後も、会社の体質は変わらない。日本消費者連盟に相談し、同連盟が一九七五年九月、同社などを東京地検に告発し、ようやく業界は違法カルテルの是正をした。

＊3　富山地判平一七・二・二三労判八九一号一二頁。

その一方で、「会社をつぶす気か」「辞めてしまえ」と、会社から中傷と非難の声が浴びせられた。そして翌一〇月、「教育研修所」への異動。営業の最前線で働いてきた営業マンであった原告には、思いもよらない人生が待っていた。

教育研修所では、「研修資料の作成が仕事ということになっていますが、じっといすに座っているだけ。昼間は読書をし、夕方にカラスが鳴いたら帰る毎日です」。午前八時半に出社するが勤務終了後の午後五時半まで仕事はなく、研修が入れば、参加者の名札を作ったり、出欠を電話で確認したりするものの、それ以外は「暇つぶしの読書が仕事」だという。

一〇万円台の賃金。毎月、給料明細を見るたびに怒りが込み上げてくる。入社三年目の二六歳で主任補になって以来、昇格は停止した。こうした会社の「報復」にもかかわらず、辞めようとは思わなかった。「社会では正しい行為も、会社内では不当な差別を受ける結果になる。それでは、会社は自己の不正を正すことはできない」。「自分自身の救済を求めるだけではありません。会社が正しいのか、それとも私が正しいのか。その判断をはっきりさせたいという思いもあります」。定年まで五年を切った今しか、提訴する時期はないと考え、原告は提訴したのである。[*4]

富山地裁は、「内部告発は正当な行為であって法的保護に値する」と指摘し、同社に約一三五六万円の支払いを命じた。判決で裁判長は、被告らがヤミカルテルを結んでいた事実があったとした上で「内部告発に係る事実関係は真実であったか、

＊4　朝日新聞富山版（二〇〇二年一月二九日）。

少なくとも真実であると信じるに足りる合理的理由があ」り、「告発内容に公益性があることは明らかである」と指摘し、一九七四年に原告が行った公取委などへの告発が正当だったにもかかわらず報復として原告を個室に配席して他の職員との接触を妨げ、雑務にのみ従事させ、昇格も停止した、と同社の不法行為を認めた。

原告は同社への謝罪要求が認められなかったとして控訴したが、二〇〇六年二月一六日、和解条項に「本件を教訓に適正で公正な業務運営を心がけ、信頼回復に努める」とする内容が盛り込まれたことで和解に応じた（名古屋高裁金沢支部）。

3　労働法の対応——二つの事件の対比から

(1)　二つの事件の比較

以上二つの判決を比較すると、それぞれの事件が生み出された時代背景の違いを痛感させられる。トナミ運輸事件は、あくまでも個人が主体となり会社組織の不正を暴こうとするのに対して、日本計算器事件は、労働者がその当時社会問題となっていた公害に反対する運動を、組合活動を通じて展開しようとするものである。この当時、公害問題と労働者の関係について、「労働者が公害問題における被害者であるという側面と、労働者が公害に反対して闘うべき社会的責務を担っているという側面とを、統一的に把えるべきである」ということが指摘されていた。[*5]

＊5　西谷敏「労働者の公害反対闘争をめぐる法的諸問題」日本労働法学会誌三七号（一九七一）九二頁。

しかしながら、こと労働組合が公害運動に従事する場合、それは労使交渉のための戦術という意味が隠されていることは否めない。日本計算器事件において「全金組合がこれ〔ビラ〕を配布したのは……配置転換の発令撤回交渉のいきづまりその他劣勢化する同組合の頽勢の挽回のためのいわば窮余の一策としてであり、必ずしも付近の住民の健康、職場環境の安全性等に対する深い配慮の下になされたとは見えない」という判示部分はまさしくこの点をついている。

トナミ運輸事件に象徴される内部告発の今日的特徴は、経済的繁栄により国民生活が向上・成熟化し、健康や生活・自然環境などの「安全」面への国民の関心が高まり、企業が生み出す製品やその活動についても安全性への意識が高まる一方で、企業活動を支える労働者の企業帰属意識は、仕事の仕方が情報技術革新を背景に専門化・個別化したことにより薄弱化したために、労働者の市民として、職業人としての自覚が一段と高まったという背景に求められよう。[*6] もちろん、労働者の市民的自覚を支えてこその連帯であり、労働組合の出番ではないか、という思いもあるが、組織率が二〇％を割った労働組合がこのような要請に果たしてどれだけこたえることができるのか、その力量が試されているといったらいいすぎであろうか。

(2)　労働法の対応

労働契約は「労働」と「賃金」の交換を内容とする有償・双務契約であることは

＊6　小宮文人「内部告発の法的諸問題——公益通報者保護法に関連させて」日本労働法学会誌一〇五号（二〇〇五）七〇頁。

いうまでもないが、それにとどまらず、労働者の職業生活を構成する多様な権利と義務の束から成り立っている。これらの労働者の権利と義務は、労働者の「使用者の指揮命令下で行われる労務提供義務」、それに対する使用者の「賃金の支払い義務」という基本的権利・義務、および使用者の指揮命令下で他律的・組織的労働に従事することから生じるさまざまな付随的権利・義務とに分類される。

そして労働者には、使用者によって組織された企業組織の一員として働くことにともない、企業の円滑な運営を損なうことのないよう協力する義務があり、この義務には、職場ないし企業秩序の遵守、職務上知り得た企業秘密の保持、企業の社会的信用や名誉を損なってはならない義務などが含まれる。

内部告発は、このなかでも企業の信頼保持義務に違反する行為として評価されかねない行為であり、最悪の場合には懲戒解雇されるおそれすらある。[*7] しかし、先述した二つの事件のように、公益のために通報する行為は正当な行為にあたるとして通報を理由とする解雇を無効とする判例がこれまで形成されてきた。[*8] これは、内部告発をした労働者を職場復帰させることにより生じるであろう企業内部での自浄作用に期待しようとする現われでもある。

もっとも、どのような内容の通報をどこへ行えば解雇等の不利益取扱いから保護されるかが判例法理だけでは不明確であるという問題があり、このことが公益通報者保護法成立の契機になった。

＊7　角田邦重・山田省三『現代雇用法』（信山社、二〇〇七）一三一頁。

＊8　裁判例の傾向については、國武英生「公益通報者保護法の法的問題」労働法律旬報一五九九号（二〇〇五）一一頁参照。

第2章　公益通報者保護法の概要と検討課題

小西　啓文

1　公益通報者保護制度の意義

前章で制度導入の背景を見たが、日本に公益通報者保護制度が導入されたことをどうとらえるべきか。公益通報者保護法の意義は、労働者が国民の生命、財産その他の利益保護に関する一定の犯罪行為および法令違反行為を内部告発した場合に、告発先に応じて一定の要件を満たすことを条件に、それによる不利益取扱いから保護をするというルールを明確にし、以上のルールに則った内部告発について「公益通報」という概念を新たに用意することで、内部告発した労働者を不利益に処そうとする企業に対して「社会的統制」が課されることを公に認めた点に求められる。

すなわち、内部告発が会社内で責任を問われる可能性が高い行為であることにとどまらず、労働者の企業に対する忠誠心と社会的倫理観が一人の人格のなかで分裂するところにこの問題の難しさがあるのであって、それでもなお一定のルールに基づき内部告発をしようとする労働者に対しては、社会的倫理（「公益」）が忠誠義務

図　公益通報者保護法の概要

○　公益通報者の保護

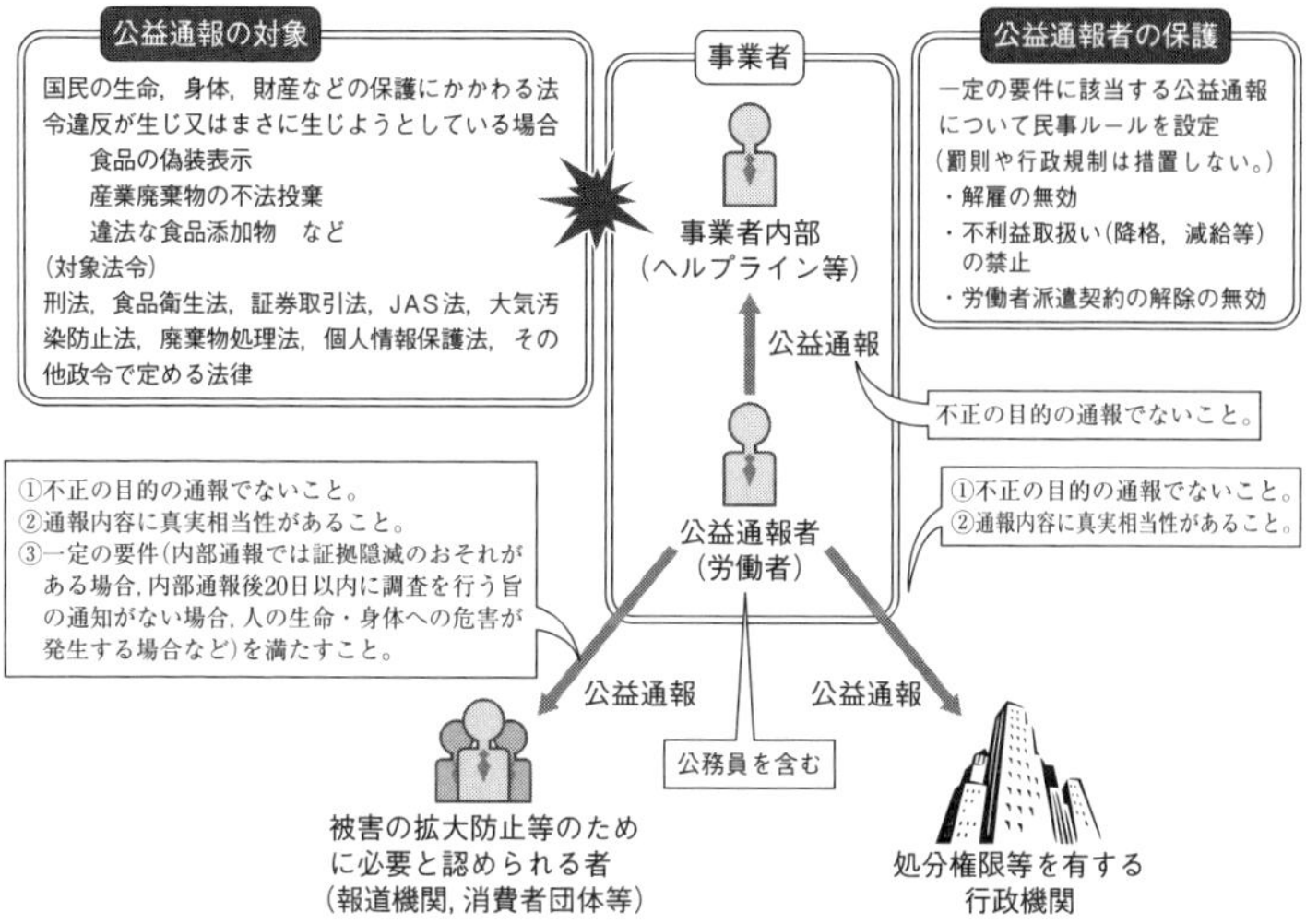
公益通報の対象
国民の生命，身体，財産などの保護にかかわる法令違反が生じ又はまさに生じようとしている場合
食品の偽装表示
産業廃棄物の不法投棄
違法な食品添加物　など
(対象法令)
刑法，食品衛生法，証券取引法，JAS法，大気汚染防止法，廃棄物処理法，個人情報保護法，その他政令で定める法律
事業者
事業者内部
(ヘルプライン等)
公益通報
不正の目的の通報でないこと。
公益通報者の保護
一定の要件に該当する公益通報について民事ルールを設定
(罰則や行政規制は措置しない。)
・解雇の無効
・不利益取扱い(降格，減給等)の禁止
・労働者派遣契約の解除の無効
①不正の目的の通報でないこと。
②通報内容に真実相当性があること。
③一定の要件(内部通報では証拠隠滅のおそれがある場合，内部通報後20日以内に調査を行う旨の通知がない場合，人の生命・身体への危害が発生する場合など)を満たすこと。
公益通報者
(労働者)
①不正の目的の通報でないこと。
②通報内容に真実相当性があること。
公益通報
公益通報
公務員を含む
被害の拡大防止等のために必要と認められる者
(報道機関，消費者団体等)
処分権限等を有する行政機関

○　通報者・事業者・行政の義務

1．通報者の努力義務

公益通報者は，他人の正当な利益又は公共の利益を害することのないよう努めなければならない。

2．事業者の努力義務

公益通報を受けた事業者は，是正措置を講じたときは，遅滞なく，通報者に通知するよう努めなければならない。

3．行政機関の義務

①公益通報を受けた行政機関は，必要な調査を行い，法令違反の事実があると認めるときは，法令に基づく措置その他適当な措置をとらなければならない。
②通報者が，処分権限等を有しない行政機関に通報したときは，その行政機関は，処分権限等を有する行政機関を教示しなければならない。

○　対象とならない通報への対応

1．一般法理による保護

本制度は，労働契約法第16条（解雇権濫用に関する一般法理）の適用を妨げない。

2．施行後の見直しの検討

政府は，この法律の施行後5年後を目途として，この法律の施行の状況について検討を加え，その結果に基づいて必要な措置を講ずる。

○　施行期日

この法律は，公布の日から2年以内の政令で定める日から施行する。

出典：「特集　公益通報者保護法の意義と課題」法律のひろば58巻2号（2005年）5頁を一部修正。

を超えることを宣言したところに公益通報者保護法のアナウンスメント効果があるのである。

また、自立した目をもった労働者による企業外への告発行為を企業からの責任追及から保護することにより、間接的に企業の手段を選ばない利益追求の暴走を止める効果もある。

いわゆるバブル経済が崩壊した一九九〇年代からの「規制緩和」と「競争社会」の登場は、遵法精神をないがしろにした利益追求へと企業を駆り立て、その暴走の結果、第Ⅰ章でも述べたような企業の不祥事が続発してしまった。これは企業の法令遵守（コンプライアンス）の不足によるところが大きいが、仮に労働者が内部告発することのできる企業風土であったならば、そもそもこのような暴走は生じなかったかもしれないし、一度起きてしまった暴走を止めることもできたかもしれない。企業の自浄作用を担保するためには、法制度により外部から規制する必要性がある。今後の社会が、いたずらに利益を追求し競争に走るのではなく、安全をその存立の基礎とするためにも、社会における公益通報者保護制度の定着はきわめて重要であるといえよう。[*1]

＊1　公益通報者保護法に関する文献として、阿部泰隆『内部告発〔ホイッスルブロウァー〕の法的設計——社会浄化のための内部告発者保護と褒奨金制度の設計』（信山社、二〇〇三）、大内伸哉・小島浩・男澤才樹・竹地潔・國武英生『コンプライアンスと内部告発』（日本労務研究会、二〇〇四）、内閣府国民生活局企画課編『公益通報者保護法逐条解説』（二〇〇五）、櫻井稔『内部告発と公益通報——会社のためか、社会のためか』（中央公論新社、二〇〇六）、島田陽一、諏訪康雄、山川隆一（鼎談）「企業秘密と内部告発——コンプライアンスと公益通報者保護制度を背景として」労働判例

2　公益通報者保護法の概要

公益通報者保護法において、公益通報とは、①労働者が、②不正の利益を得る目的、他人に損害を加える目的その他の不正の目的でなく、③労務提供先、または当該労務提供先の事業に従事する場合におけるその役員、従業員、代理人その他の者について、④通報対象事実が生じ、またはまさに生じようとしている旨を、⑤(i)当該労務提供先もしくは当該労務提供先があらかじめ定めた者、(ii)当該通報対象事実について処分もしくは勧告等をする権限を有する行政機関、または(iii)その者に対し当該通報対象事実を通報することがその発生もしくはこれによる被害の拡大を防止するために必要であると認められる者に通報すること、と概念規定される（二条）。

そこで以下、これらの各点について検討を加えることにする。

(1)　公益通報の主体

公益通報の主体は「公益通報をした労働者」（二条二項）である。正社員やパート、アルバイトなど直接雇用の労働者だけでなく間接雇用である派遣労働者も含まれるが、取引業者などは保護対象とならない。

取締役が公益通報の主体から外される理由は、労働者にくらべて重い忠実義務を

八五八号（二〇〇四）六頁、荒木尚志・男澤才樹・鴨田哲郎「内部告発・公益通報の法的保護――公益通報者保護法制定を契機として」ジュリスト一三〇四号（二〇〇六）一四八頁以下、「公益通報者保護法の施行と企業の実務的対応～〝実務的対応策〟に関する最新の情報・研究を踏まえて～」経営法曹研究会報五〇号（二〇〇六）、中村博「CSRにおける公益通報者保護法の意義と課題」季刊労働法二〇八号（二〇〇五）六一頁、野田進「ヒューマン・リソース（HR）と法――労働法最前線（7）公益通報者保護法と内部告発」NBL八三二号（二〇〇六）八一頁などを参照。

事業に対して負うとともに、事業経営にあたる者として、不正を通報するのではなく、不正を防止して通報されないような経営を行うのが取締役の立場であるから、と説明されている（内閣府・前掲＊1参照）。また、労働者の解雇とは異なり、取締役の解任は商法に基づき株主総会の決議にゆだねられているということも、取締役が保護対象から外される理由である（同書）。

それゆえ、労働者の身分と取締役の身分の二つを有する兼務役員の場合には、代表者の指揮命令に従って労務を提供する部分は「労働者」として扱われるため、たとえば取締役部長などが当該部分で公益通報を行う場合には公益通報の主体たりうる。

下請事業者などの取引事業者は公益通報の主体にならないが――内部告発した事業者との取引を強制することになると契約の自由が損われるという観点による――、取引事業者に雇用される労働者はその主体たりうる。

すなわち、取引事業者に雇用される労働者や派遣労働者が、自分が雇用されている取引事業者または派遣元事業者の法令違反行為などを公益通報する場合は、一般の労働者の公益通報と同じ手続になるが（二条一項一号）、他方で、取引事業者に雇用される労働者が元請等取引先の法令違反行為の通報を行おうとする場合や、派遣労働者が派遣先の法令違反行為の通報を行おうとする場合には、労務提供先である元請等取引先や派遣先の事業者が内部通報の通報先になる（二条一項二・三号）。

派遣労働者による通報については、派遣元だけでなく派遣先の行う行為も保護措置の対象としており、派遣元会社による「解雇の無効」と「降格、減給その他不利益取扱いの禁止」に加えて、派遣先会社による「労働者派遣契約の解除」が無効とされ、同じく派遣先会社による「派遣労働者の交代を求めることその他不利益な取扱い」も禁止される（四条）。

また、労働基準法では国による規制や監督が不適切であることを理由に適用除外とされる同居の親族のみを使用する事業および家事使用人も、本制度の労働者に含まれるものと説明されている。これは、労働基準法が、労働者を保護するために行政措置や行政上の監督を行うものであるのに対し、公益通報者保護制度は、実態として事業者から解雇等の不利益取扱いを受ける可能性のある者は制度の対象とする必要があることによる（内閣府・前掲＊1参照）。この点に、公益通報者保護法と労働基準法の相違の一端を垣間見ることができよう。

なお、匿名の通報の場合、通常は通報者が特定されず不利益取扱いを受けないため保護する必要は生じないが、通報時には匿名でも、匿名性が最後まで維持されず最終的に通報者が特定される場合も考えられ、その場合は保護の対象になる（同書）。

(2) 公益通報の目的

「公益」通報とはいえ、公益通報の要件として、その目的が「不正」のものでないということにとどまり、刑法の名誉毀損の違法性阻却事由である「専ら公益を図る目的」（刑法二三〇条の二第一項）までは要求されていない。その理由としては、①通報先を限定していること、②行政機関以外の事業者外部への通報については、外部通報の相当性の要件を加重していること、③国民生活の安定および社会経済の健全な発展に資するために、犯罪行為および法令違反行為に限って公益通報を制度化するものであり、通報目的を必要以上に限定することはこの目的との関係上適当でないこと、④純粋に公益目的だけのために通報がされることを期待するのは非現実的であるということがあげられている（内閣府・前掲＊1参照）。

なお、「不正の目的」を裁判において立証しなければならないのは、労働者か、それとも事業者かについては、「仮に裁判になった場合、雇用者等との関係では、『不正の目的でないこと』を通報者に主張立証させるのは公平ではないから、主張立証責任としては、公益通報に該当しないと主張する側が負うものと考えられる」と説明されている（同書）。

(3) 公益通報の対象事実

① 通報対象事実　公益とは何かについて考えるにあたって、法が何を通報の

対象とするかはきわめて重要な意味を有する。

内部告発では一般に、告発者が不正・違法・悪行と思うものであれば何でも告発の対象になりうるが、それが保護されるか否かは、合理的な理由のない解雇は無効である、という労働契約法一六条に定められたルール（解雇権濫用法理）によらなければならない。[*2]

そこで公益通報者保護法は、内部告発のうち法が規定する要件をクリアーしたものに限り「公益通報」という新たなプラスイメージをもつ概念を与え、通報された側からの報復として行われる解雇や不利益な取扱いを法律で禁止することとし、内部告発の「密告」にも通じるイメージを変化させるという役割を果たした。

もっとも、同法は保護の対象を「個人の生命又は身体の保護、消費者の利益の擁護、環境の保全、公正な競争の確保その他の国民の生命、身体、財産その他の利益の保護にかかわる法律」（二条三項一号）の違反行為について、労働者が行う通報に限定する。すなわち、刑法、食品衛生法、証券取引法、私的独占の禁止及び公正取引の確保等に関する法律（独占禁止法）など、個人の生命・身体の保護、消費者の利益の擁護、環境の保全、公正な競争の確保に関する合計四〇〇を超える法律に定める犯罪行為と、刑事罰が予定されている法令違反行為が「通報対象事実」とされ、これらの法律には各種税法や政治資金規正法が含まれていない。[*3]

これは、各種税法や政治資金規正法が「専ら国家の機能にかかわる法律（国家の

＊2　櫻井・前掲＊1二四頁以下参照。

＊3　法律の施行当初は四一三本であったが、平成一九年一〇月一八日現在、四一五本。

機能について定めることが直接的な目的）」であることを理由にする対応であるが、この背景には公益通報者保護法が国民生活審議会の消費者政策部会の提言を受ける形で消費者政策の一環として立法作業がなされた[*4]ことと深い関係があるものと考えられる。

すなわち、公益通報者保護法が目的（一条）に掲げる「国民の生命、身体、財産その他の利益の保護にかかわる法令」とはいえなくとも、「国民生活の安定及び社会経済の健全な発展に資する」ことは疑いようのない各種税法や政治資金規正法の違反を通報対象事実に含めなかったのは、「法令の規定の遵守」を国民の消費者としての利益擁護を主眼として「事業者」が図るものとし、消費者利益とは直接的には関係のない不正行為の通報には積極的に公益性を見て取らなかった表れではないか。ここに日本法の公益観の特徴と限界を見て取れよう。

②「まさに生じようとしている」という状況　公益通報は、「通報対象事実が生じ、又はまさに生じようとしている」（二条一項）場合に公益通報保護法の保護対象になる。法案の初期段階では「犯罪行為等が生じるおそれ」だったのが、「おそれ」では具体的にどのような状況を指すかわからないという指摘によって現行の「まさに生じようとしている」という文言に落ち着いたという経緯がある。

ここで「まさに生じようとしている」とは、通報対象事実の発生が切迫しており、発生する蓋然性が高い場合を指すが、必ずしも発生する直前のみを指すもので

＊4　中村・前掲＊1、六九頁参照。

はないとされ（内閣府・前掲＊1）、「まさに」の解釈に際し時間の要素を重く見る結果、本来保護されてしかるべき通報が保護されないことにならないよう、時間的には離れていたとしても、相当な確度で被害の発生が予想される場合には該当すると考えるべきである、と指摘されている。＊5

(4)　公益通報の通報先

通報先としては、①事業者内部、②行政機関、③事業者外部の三種類が用意されている（二条一項）。

まず①の事業者内部への通報については、「通報対象事実が生じ、又はまさに生じようとしていると思料」されれば公益通報者保護法の保護対象になる（三条一号）。この場合、通報内容が誤解であったとしても許されるが、不正目的であれば公益通報ではなくなり解雇を含む懲戒処分の対象になりうる。

内部通報先としては、事業者以外にも、たとえば、事業者がグループ企業共通のヘルプライン、社外の弁護士、労働組合などを通報先として定めることが考えられる。なお、ヘルプラインなどの設置は法的義務ではないが、コンプライアンスという観点からは望ましいものとされる。

それでは、さらに一歩踏み込んで、企業内での内部通報を他の通報に先行させる旨を就業規則で定めた場合にはどうなるのであろうか。この点につき、「法令違反

＊5　櫻井・前掲＊1一四三頁以下参照。

について通知義務を定める就業規則は、通常合理性を有し、契約内容となって労働者を拘束する」という指摘[*6]をもとに、就業規則でその旨定めることができるとする見解と、法自体には内部通報を先行させるべきというニュアンスは入っていないのであるから、内部通報を先行させるべきであると規定することまでは許されないという見解の両方が現時点では存在する。[*7]

次に、②の行政機関への通報の場合には、不正の目的でないことという要件に加え、「真実・真実相当性」が保護要件として必要になる（三条二号）。真実相当性要件は、「公益通報によって労務提供先の正当な利益が不当に害されないようにするため、事業者外部への公益通報については、仮に通報内容が真実でなかった場合、単なる伝聞等ではなく誤信したことについての相当の資料や証拠が必要との考え方」により必要とされる（内閣府・前掲＊1参照）。

このような要件が加重されるのは、行政機関も企業外部の存在であって、監督権限を有する行政機関からにらまれることを会社がおそれるのは当然であり、そうした行政機関に対する通報は十分慎重になされるべきであるという発想に基づく。[*8]

なお、通報した行政機関が処分権限を有していない場合のために、「公益通報が誤って当該公益通報に係る通報対象事実について処分又は勧告等をする権限を有しない行政機関に対してなされたときは、当該行政機関は、当該公益通報者に対し、当該公益通報に係る通報対象事実について処分又は勧告等をする権限を有する行政

＊6　荒木尚志「労働法学の立場から」荒木ほか・前掲＊1一五三頁参照。

＊7　経営法曹会議編前掲＊1三四頁参照。

＊8　櫻井・前掲＊1一五〇頁参照。

機関を教示しなければならない」という規定が用意されている（一一条）。

③の事業者外部への通報の場合には、不正な目的でないこと、真実・真実相当性要件を具備していることに加え、(i)解雇その他不利益な取扱いを受けると信じるに足りる相当な理由の存在、(ii)証拠隠滅等のおそれ、(iii)会社による公益通報をしないことの要求、(iv)調査怠慢、(v)生命・身体への危害の発生の五つのいずれかの要件（三条三号イ〜ホ）に該当することが求められる。

ここで企業外通報として想定されているのはマスコミや消費者団体、労働組合、周辺住民であるが、とくにマスコミへの通報は、公益通報の対象となる犯罪行為や法令違反行為を広く一般に知らせることにより、被害の防止や事件の再発防止に資する反面、誤報となるとその悪影響を後になって取り除くことが困難である、というわば両刃の剣であるがために、その要件は慎重を期して加重されざるをえないところがある。＊9

(5)　公益通報に対する保護の内容

公益通報者保護法による保護の内容は、「解雇の無効」（三条）・「労働者派遣契約の解除の無効」（四条）・「不利益取扱いの禁止」（五条）である。労働者派遣契約の解除については(1)で検討したので、ここでは解雇の無効と不利益取扱いの禁止について取り上げる。

＊9　櫻井・前掲＊1一五二頁以下。

①　まず、解雇無効について、労働契約法の定め以外に規定を設ける理由として、労働契約法一六条に定める要件は「権利濫用に関する一般条項であるため、本条項のみでは、公益通報をしたことを理由とする解雇が当該要件に該当するか否かが必ずしも明確でなく、事前の予測が困難であると考えられ」、「このため、公益通報者の解雇について具体的かつ明確な解雇無効の要件を定めることにより、公益にかかわる通報という正当な行為をしようとする労働者の保護を図ろうとするものである」と説明されている（内閣府・前掲＊1参照）。

またこの法律によりかえって解雇権濫用の一般法理より保護が後退することや範囲が狭まる取扱いがなされないよう、六条二項に「第三条の規定は、労働契約法第一六条の規定の適用を妨げるものでない」という解釈規定が用意されている。

このように、公益通報者保護法は解雇無効という民事効力規定を設けるものの、罰則規定までは用意していない。たとえば労働基準法では、労働者は同法違反の事実を労働基準監督署や労働基準監督官に「申告」することができる（一〇四条一項）と定めるとともに、「申告をしたことを理由として、労働者に対して解雇その他不利益な取扱をしてはならない」（同条二項）として解雇・不利益な取扱いの禁止を定め、さらにこの条項の違反には使用者に対して「六箇月以下の懲役又は三〇万円以下の罰金」（一一九条）という刑事罰をも定めており、このような取扱いは労働安全衛生法や原子炉等規制法にも共通する。

この点、公益通報者保護法は、「通報対象事実に係る通報をしたことを理由として労働者又は派遣労働者に対して解雇その他不利益な取扱いをすることを禁止する他の法令……の規定の適用を妨げるものではない」（六条一項）とし、罰則を課すか否かについては労働基準法、労働安全衛生法など個別法令ごとの検討にゆだねられている。

②　次に、不利益取扱いについて規定する五条は、「事業者は、その使用し、又は使用していた公益通報者が……公益通報をしたことを理由として、当該公益通報者に対して、降格、減給、その他不利益な取扱いをしてはならない」とする。過去に「使用していた公益通報者」も加えていることから、退職後に報復として退職金の不支給や減額などの不利益な取扱いをすることも禁止の対象になる。

なお、解雇に関してはその効力を「無効」とするのに対して、不利益取扱いに関しては「禁止」とされている。これは、①不利益取扱いについては法律行為のみならず事実行為も対象としていること、②不利益取扱いについては効力を否定するよりも損害賠償の請求の対象とした方が公益通報者の利益になる場合（たとえば戒告処分など）があることをその理由とする（内閣府・前掲＊1）。この点につき、労働法分野における「不利益取扱いをしてはならない」という文言は強行規定と解されており、職場いじめなどの事実行為は不法行為の違法性を備えるにとどまるものの、懲戒処分や不当な配転などの法律行為は「無効」となると解するのが通常であるという見解が提起されている。[*10]

3　公益通報者保護法の検討課題

公益通報者保護法の概要の検討を通じて、通報者に取引業者などは含まれないこと、脱税や違法政治資金献金等に対する通報が保護対象になっていないこと、マスコミ等外部通報の要件が加重されていることなど、その問題点も明らかになったと思われる。とりわけ、通報の対象を、消費者の利益にかかわり、かつ通報を契機とする企業のコンプライアンスの向上によって将来的には解決することが期待されうる犯罪行為および法令違反行為に極力絞った上、就業規則において内部通報を先行させる余地も残している点をどのように考えるべきであろうか。コンプライアンスの向上といえば聞こえはいいが、国民の生命、身体、財産に直接は関係のない各種税法や政治資金規正法は対象とされず、さらに外部通報の道を企業によって閉ざすことも可能であるとすると、同法は「企業秘密漏洩防止法」と呼ばれても致し方なかろう。

もちろん、同法の登場により、公益が企業への忠誠義務を解除することを宣明したアナウンスメント効果はきわめて重要であるが、内部告発者の保護という点では公益通報者保護法では足りず、その間隙を埋めるためにも、今後も判例法理の形成

＊10　荒木・前掲＊6一五〇頁参照。

が重要な鍵になると思われる。そして、これまでの裁判例の傾向を検討することは、今後公益通報者保護法について訴えが提起された場合に、どのような解釈が裁判所によってなされるか予測することに資するものとも考えられる。

もっとも、裁判所によってこれまで内部告発の事案で提示されてきた、①内部告発内容の根幹部分が真実か、あるいは真実と信じる相当な理由があるか、②内部告発の目的が公益性を有するか、③内部告発の目的が不当でないか、④内部告発の手段・方法が相当性をもつか、という基準は[*11]、刑法の名誉毀損の違法性阻却事由である二三〇条の二の規定をその解釈の基礎としてきたものであり、これは既述したように「専ら公益を図る目的であること」というきわめて高度な公益性を要件とする。「不正の目的によるものではないこと」を要件にするにとどまる公益通報者保護法との間にある公益観をめぐる「温度差」は、法解釈にあたりどのように影響するのであろうか。この点については、第Ⅲ部で具体的な裁判例を取り上げて別途検討することとし、第Ⅱ部では、公益通報者保護法をさらに多角的に、企業・労働者・行政機関の観点から詳述することにしよう。

＊11　野田・前掲＊１八二頁。

第Ⅱ部　企業・労働者・行政へのインパクト

公益通報者保護法が「消費者保護」のための制度として登場したことにより、通報者に取引業者が含まれない、脱税や違法政治献金が保護対象になっていない、マスコミ等外部通報の要件が加重されているなど、内部告発を考える労働者にとって使いにくい制度になっているのではないだろうか。さらに理論上は就業規則で企業内部への通報を義務づけることも可能であり、企業の制度運用次第で同法は「企業秘密漏洩防止法」にもなりうるという。これらの問題が労働者から公益通報者保護法が敬遠されている理由として考えられよう。

それでは、理論上の問題だけでなく、実際に公益通報者保護制度は企業においてどのように運用されているのだろうか。内部告発をすべきか迷っている労働者はどのようなことに注意しながら手順を進めるべきであろうか。公益通報を受け付ける行政はどのような体制を築いているのだろうか。

第Ⅱ部では、公益通報者保護法を企業、労働者、行政主体・行政機関の観点から検証してみよう。

第3章　企業からみた公益通報者保護法

廣石　忠司

1　はじめに

企業の法令遵守（コンプライアンス）、CSR（社会的責任論）などが議論されてきて久しい。そのため各企業では未然に法令違反行為などを防ぐため、問題が生じそうだと社員が感じた場合には法務部などコンプライアンス統括部門に通報するシステム（以下このシステムを本章では内部通報システムと称する）を構築することを進めている。

こうした状況下では大企業において公益通報者保護法の位置づけは率直にいって高くない。公益通報者保護法で定められている「公益通報」や「通報対象事実」に関する論点はさまざまな内部通報における限られた部分であり、企業の内部通報システム構築にあたって、公益通報者保護法記載の各項目はすでに検討済みのことが多いからである。

したがって本章では、企業の立場から内部通報システムと公益通報者保護法との関係を論じることとし、あわせて筆者の専門領域である人事労務管理の側面から検討を加えていくこととする。

2　通報者の問題

企業の立場からは通報主体として直接雇用する労働者を念頭においていることは論を待たない。しかし、直接雇用する労働者以外の者からの通報はどう考えるべきか。派遣労働者の場合公益通報者保護法二条一項二号で明文があり、また下請け企業の従業員から元請企業の問題について公益通報がなされた場合には同項三号で明文があるが、それ以外の場合である。

ケース１
　子会社の従業員Ａ氏から子会社の通報対象事実について親会社に実名で通報がなされたら、親会社はいかに対応すべきか。なお子会社は親会社を「通報先」と定めていなかったものとする。

このケースは公益通報者保護法では子会社の立場からすると外部通報の一形態となる。したがって、公益通報者保護法三条三号（後掲）の対象となり、同号イからホのいずれかの条件を満たした場合には通報を受けた企業が子会社に対して指導を行った結果、子会社からはA氏に解雇など不利益が課せられることはない、ということになる。

A氏の実名をあげて子会社に何らかの措置をとった場合で、仮にこれらの条件に該当しなかった場合にはA氏は不利益を被る余地が出てきてしまう。一方、匿名で何らかの措置をとると「犯人探し」が始まり、結局A氏は不本意な立場におかれてしまう可能性もある。何も措置を講じないとグループ全体のコンプライアンスに対する姿勢が問われてしまうおそれも出てくる。親会社としては実に悩ましい問題を抱えるのである。

基本的には親会社としてはその通報事実の重要性・緊急性を考慮して対応せざるをえない、ということになろう。重要度・緊急度が高い場合にはA氏本人に不利益が及ばないように配慮しつつ、子会社のコンプライアンス部門に通報すべきだろう。

（注）　第三条（解雇の無効）

第三条　公益通報者が次の各号に掲げる場合においてそれぞれ当該各号に定める公益通報をしたことを理由として前条第一項第一号に掲げる事業者が行った解雇は、無効とする。

一・二（略）

三　通報対象事実が生じ、又はまさに生じようとしていると信ずるに足りる相当の理由があり、かつ、次のいずれかに該当する場合　その者に対し当該通報対象事実を通報することがその発生又はこれによる被害の拡大を防止するために必要であると認められる者に対する公益通報

イ　前二号に定める公益通報をすれば解雇その他不利益な取扱いを受けると信ずるに足りる相当の理由がある場合

ロ　第一号に定める公益通報をすれば当該通報対象事実に係る証拠が隠滅され、偽造され、又は変造されるおそれがあると信ずるに足りる相当の理由がある場合

ハ　労務提供先から前二号に定める公益通報をしないことを正当な理由がなくて要求された場合

ニ　書面（電子的方式、磁気的方式その他人の知覚によっては認識することができない方式で作られる記録を含む。第九条において同じ。）により第一号に定める公益通報をした日から二十日を経過しても、当該通報対象事実について、当該労務提供先等から調査を行う旨の通知がない場合又は当該労務提供先等が正当な理由がなくて調査を行わない場合

ホ　個人の生命又は身体に危害が発生し、又は発生する急迫した危険があると信ずるに足りる相当の理由がある場合

3　通報対象事実

「通報対象法律」は四〇〇を超える。そしてそれらの「法律に規定する罪の犯罪行為の事実」の通報が保護の対象となる（二条）。つまり、犯罪行為以外の事実は通報対象事実とはならない。したがって以下のような事例が生じる。

ケース2
上司からいわゆるパワー・ハラスメント（パワハラ）を受けたという従業員からのコンプライアンス部門への通報はいかに取り扱うべきか。

セクシュアル・ハラスメント（セクハラ）については雇用の分野における男女の均等な機会及び待遇の確保等に関する法律（男女雇用機会均等法）で防止に対する努力義務が規定されている。しかしパワハラについては概念自体がはっきりせず、もちろん制定法でも規定がない。ここではきわめてあいまいではあるが、極端に人格を否定されるような言動を上司から受け、精神的に傷ついたことをパワハラととらえておこう。具体的にいえば「業務上の厳しい指導」と「パワー・ハラスメント」との境界が不明瞭なのである。部下のミスに対して、「バカヤロー！　お前なんて死んでしまえ」と怒鳴ったらどうなるのか。こうした言動の中には民法七〇九条の不法行為にあたることも存在しうるだろう。しかし民法は公益通報者保護法の別表には入っていない。だからといって不問に付すべきかといえばそうともいえない。こうした通報はその部門全体からのサインであることも多いからである。問題はコンプライアンス部門が担当するのか、人事が担当するのか、それとも他の部門なのか、である。

従業員からのさまざまな相談を受け付ける窓口を設置することが昨今多く見られるようになった。セクハラ窓口、メンタルヘルス窓口、キャリア相談窓口など多様なものがあり、そしてコンプライアンスの通報窓口もその一つに数えられる。多様であればあるほど従業員の方はかえって混乱することもある。このことを忖度《そんたく》して、「何でも受け付ける」窓口を設ける企業もある。従業員からの各種相談・通報を一カ所に集約するのである。そして内部で振り分けるのである。

しかしこれでは一番肝心な部署に到達するまで時間がかかってしまう。そこで多様な窓口は維持して、違う相談内容だと担当者が判断したら当該窓口に回すという対応をとる企業も多い。この場合の問題点は窓口相互の連携がうまくいくか、である。

さらに問題なのは外部に窓口を設置している場合である。メンタルな問題は直接専門家に担当してもらうことが効率的でもあるし、コンプライアンスだと弁護士（法律事務所）が受け付けるのが妥当でもある。しかしながら外部に窓口を設置している場合には敷居が高いということとともに、いったん通報があった場合に他の適切な窓口を紹介することが難しいことがある。企業の方でいかにマネジメントするか、実務的なマニュアルを完備すべきであろう。

ケース3-①
自社と取引先が明らかに過剰な接待を相互に行っていた。公益通報として社内のコンプライアンス部門に通報すべきだろうか。

ケース3-②
従業員B氏が就業時間外に児童買春していることを知った別の従業員C氏は許されないことと考え、コンプライアンス部門に通報した。プライバシーの問題ではあるが、公益通報者保護法との関係はどうなるだろうか。

この**ケース3-①**は通報内容が「違法」でなく、「不正」あるいは「不当」というべき内容である。もちろん公益通報者保護法の対象とはならない。しかしながら企業の内部通報制度としては見逃がしてはならない情報である。内部通報制度は公益通報者保護法の定める内容以上に広範、かつ通報者にとり有利な制度とすべきことは明らかであろう。

一方でケース3-②は確かに私生活上の問題である。しかし「通報対象法律」には「児童買春、児童ポルノに係る行為等の処罰及び児童の保護等に関する法律」が明記されている。したがって公益通報の対象となると考えざるをえない。企業よりも「公益」が優先されている所以《ゆえん》である。

4　通報者への対応

(1)　法定条件以外の場合

公益通報者保護法では通報者への解雇禁止、不利益取扱いの禁止などが定められているが、公益通報者保護法に定められたもの以外の通報には何ら規定がないこととなる。したがって内部通報システムを利用せずに、いきなり外部に通報したような場合にはいかなる対応となるのか検討していこう。

ケース4
従業員D氏はマスコミに対して実名で公益通報者保護法の条件を満たしていない通報を行い、それが会社の知るところとなった。通報の内容はD氏の思いこみによるところが大きく、虚偽とはいえないまでも会社の名誉を失墜させるに足るものであった。会社はD氏に対して処分をなしうるか。

この場合には公益通報者保護法の対象外となるため、一般の労働法、あるいは民法法理に基づき判断せざるをえないこととなる。したがって状況によっては懲戒処分もあり、民法上の損害賠償請求もなされる可能性がある。もっとも、この場合に調査もせずただちに懲戒処分をすれば、当然のことながら権利の濫用にあたる場合も多いであろう。実務的にはD氏が「思いこみ」をするのが無理からぬ状況にあったかどうかがポイントとなるように思われる。さらに権利の濫用にあたるか否かは懲戒処分の程度によっても大きく左右されることはいうまでもない。

(2) 懲戒処分の競合

問題は、通報自体は公益通報者保護法の規定によって保護されるべき状況にあるが、他の懲戒処分理由と競合するような場合である。

> ケース5
>
> 従業員E氏は、同じく従業員F氏が取引先の官庁に賄賂を送ろうとしていると公益通報者保護法に基づく通報を社内のコンプライアンス部門に行った。E氏はF氏が賄賂を贈るよう考えていると「思料」したもので、公益通報者保護法三条一号に沿うものであった。ところがE氏はF氏と別の労働組合に所属し、何かと諍いが生じていた

という事情があった。結果として通報は虚偽であったことが判明したが、F氏に対する社内の信用は低下した。会社はE氏に対して懲戒処分をなしうるか。

公益通報者保護法に従って判断するとすれば、通報が虚偽であっても、E氏に対してはは不利益処分はなしえないこととなる。しかしそれで果たしてよいのだろうか。

この点に関しての判例は存在しないが、公益通報者保護法六条との関係（「他の法令……の規定の適用を妨げるものではない」）から、おそらく反組合的意図をもった不当労働行為と懲戒処分の関係（理由の競合論）との類推が妥当するのではなかろうか。すなわち懲戒処分する真の理由がF氏に対する信用の毀損にあるとするなら懲戒処分妥当であり、真の意図が通報に対する報復であるなら懲戒処分不当と解するのである。もちろんいわゆる不当労働行為における決定的原因説と相当因果関係説との対立に相当する考え方の違いも出てくるであろう。

(3)　通報者の配転

当然配転が不利益なものであれば公益通報者保護法五条によって禁止される。しかしながら当事者にとって一見利益と見えるものの、現実には不利益と感じられることもあろう。たとえば次の例である。

ケース6

通報者G氏はそれまで会社の本流である企画・秘書部門を歩み、企画部次長として将来の幹部と目されていた。しかし通報から間もなく営業部門に転属となり、しかも本社のある東京から離れたX支店長への転勤であった。資格上は次長から支店長というとことで格上げであるが、X支店長から取締役へ登用された例は皆無であった。周囲からはこれでG氏には取締役への目はなくなったと噂された。公益通報者保護法五条の適用はあるか。

おそらく、このようなケースでは人事部門は「通常の人事異動である」と答えるであろう。そして通常の人事異動ではありえないような異例なケースであればともかく、そうでなければ通報との因果関係自体否定されるように思われる。「本流からはずされる」ことも実際上は不利益と受け止められる場合があることは念頭においてしかるべきであるが、事実関係の認定はきわめて難しい。

問題は、「異例なケース」ととらえられる場合である。ケースとしては、おそらく雑務に異動させられる、本人が経験したことのない職務に転換させられる、遠隔地に移動させられるということなどが想定されるが、これらの場合には公益通報者保護法における不利益取扱いと同時に配転権の権利濫用論としてとらえることが可能であろう。

5　派遣労働者等への配慮

公益通報者保護法では企業と直接雇用関係を締結していない労働者に対して相当配慮が講じられているように思われる。二条一項二号で派遣労働者を、同項三号で下請け労働者を対象とする旨が明文化されており、四条で労働者派遣契約解除の無効が規定されている。

これは、労働者が見聞した内容に重要な通報対象事実が含まれ、かつ、それを通報したことによって大きな不利益を被ることを予想しているということができよう。それでは、次のような事例はどうなるだろうか。

ケース7

派遣社員H氏は甲社の社員であったが、乙社での勤務を命じられ、乙社で勤務をしていた。そこで乙社に関する通報対象事実を目にして甲社に通報した。その後甲社は乙社と労働者派遣契約を合意解約し、H氏は派遣先がなくなったとして甲社から雇い止めをされることとなった。H氏は実質的な報復だとして何らかの訴えを提起できるか。

公益通報者保護法四条では「公益通報をしたことを理由として」労働者派遣契約を解除することは無効だとしている。すると本ケースのように合意解約の場合だと公益通報者保護法四条を理由として労働者派遣契約解除を無効と主張することには無理が生じるであろう。しかしながら、この「合意解約」が公益通報者保護法の趣旨に反した脱法行為的なものであったとするなら、一切の訴えを提起できないとするには多大な躊躇《ちゅうちょ》を覚える。

この点は民法の不法行為、公序良俗などの一般条項を用いて損害賠償請求、あるいは無効を論じることになろう。もっとも派遣労働者については「いよぎん・伊予銀スタッフサービス事件」[*1]のように派遣元・派遣先間の労働者派遣契約終了とともに雇い止めを迫られるケースもあり、派遣労働者など相対的に不安定な労働者に対しては公益通報者保護法による保護以上に別途保護が必要とされる場合が多いように思われる。

6　おわりに

公益通報者保護法については以上の通り、企業から見た場合には内部通報制度と相まって運用されないと意味がない。法律先にありきではなく、企業内からいかに違法・不当な行為を排除する風土を構築するか。これは優れて経営上重視すべき課

＊1　松山地判平一五・五・二二労判八五六号四五頁。

題である。

ときあたかもいわゆる偽装派遣、不払い残業など企業の倫理が問われる問題が噴出してきている。経営トップ自らがいかに姿勢をただすか、そしてそれを労働者が真剣に受け取るか。そうした組織風土・企業文化を構築することが法律遵守とともに求められているのである。

第4章　労働者にとっての公益通報者保護法

森井　利和

1　はじめに

公益通報者保護法には、他の法律にはあまり例のない規定があり、その六条は次のように規定している。

第六条　前三条の規定は、通報対象事実に係る通報をしたことを理由として労働者又は派遣労働者に対して解雇その他不利益な取扱いをすることを禁止する他の法令……の規定の適用を妨げるものではない。

2　第三条の規定は、労働契約法第一六条の規定の適用を妨げるものではない。

3　前条第一項の規定は、労働契約法第一四条及び第一五条の規定の適用を妨げるものではない。

この規定からわかるように、公益通報者保護法は、他の法律による公益通報者の保護の補充を当然の前提としており、これまで判例や他の法律によって保護されて[*1]いた「内部告発」の全部を保護する法律ではなく、保護の範囲がこの法律の範囲に

＊1　「内部告発」を理由として解雇などの処分を受けた場合にその処分が無効と判断され、あるいはそれを理由とする不利益処分が禁止されることによって「内部告発」が保護される。

限定されることを定める法律でもない。この法律によって保護されるもののほか、判例上あるいは他の法律によって保護される「内部告発」は多く存在する。

しかも、この趣旨は国会審議において繰り返し確認をされている。[*2]衆議院内閣委員会附帯決議では「本法の保護の対象とならない通報については、従来どおり一般法理が適用されるものであって、いやしくも本法の制定により反対解釈がなされてはならないとの趣旨及び本法によって通報者の保護が拡充・強化されるものであるとの趣旨を周知徹底すること」とされ、参議院内閣委員会附帯決議では「本法の立法趣旨が通報者の利益の保護を拡充・強化しようとするものであること、及び本法による保護対象に含まれない通報については従来どおり一般法理が適用されるものであることを、労働者、事業者等に周知徹底すること」とされている。

他方、たとえば労動基準法（労基法）違反の事実があった場合、労働者はこれを公益通報として労働基準監督署（労基署）に通報することもできるが、労基法一〇四条一項による申告の方法もあり、これを理由とする不利益取扱いは、禁止されている（同条二項）。また、前者（公益通報者保護法上の行政通報）は犯罪行為（および処分違反が犯罪行為となる場合の処分事由）の通報が保護の対象となるのに対して、後者（労基法違反の申告）は犯罪行為に限らず保護の対象となるので、前者によって保護されない場合であっても後者によって保護される場合があるし、[*3]後者によって保護されない場合であっても前者によって保護される場合があるという、[*4]多少のずれもある。

＊2　平成一六年五月一九日衆議院内閣委員会竹中大臣答弁、永谷局長答弁、参議院内閣委員会六月一一日竹中大臣答弁等。

＊3　たとえば、賃金不払に責任阻却事由がある場合。この場合でも労基法二四条違反である。

＊4　たとえば、時間外割増賃金の不払が現実には生じていないが、これを支払わないように使用者が制度改変をしようとしていて、本来支払われるべき時間外割増賃金の支払が今後なされなくなってしまう客観的蓋然性と切迫性がある場合に、労働者が労基署に通報した場合。この場合、労基法三七条違反はないが、行政通報の保護対象となる。

存在する。また、公益通報者保護法五条一項は現役労働者のほか事業者が過去に「使用していた公益通報者」に対する不利益取扱いを禁止しているが、内閣府の見解によれば、ここでいう「使用していた公益通報者」とは、公益通報後に退職した者のことであるとされるため、退職後に公益通報をした場合には、公益通報者保護法の保護対象とはならない。たとえば、退職後に労基法違反の事実を労基署に行政通報したところ、いまだ支払期が到来していなかった当該通報労働者の退職金が減額されたり支払われなかった場合である。これに対し、その労働者が行政通報ではなく、労基署に労基法一〇四条に基づく申告をした場合には、同条二項によって不利益取扱が禁止される。[*5]

さらに、公益通報者保護法では必ずしも保護されないと思われる内部告発を、一般法理を用いて保護した同法制定前の判例もまれではない。[*6]

そこで、ここでは、公益通報者保護法の制定によって従来の労働者の立場がどのような影響を受けるのかを、検討してみることとする。

2　目的の問題

公益通報者保護法における内部通報、行政通報、外部通報に共通する保護要件は、不正の目的ではないことである。これは法文上は「不正の利益を得る目的、他

＊5　退職労働者に関する内閣府の見解は、内閣府国民生活局企画課編『詳説公益通報者保護法』（ぎょうせい、二〇〇六）七三頁。労基法一〇四条は現役労働者、退職労働者を問わず、しかも退職前に申告したのか退職後に申告したのかを問わず、申告したことを理由とする不利益取扱いを禁止する。内閣府の解釈を前提とすれば、退職労働者にとっては、公益通報者保護法はほとんど役に立たない。労基法一〇四条の方がはるかに役に立つ。

＊6　医療法人思誠会（富里病院）事件・東京地判平七・一一・二七労判六八三号一七頁、宮崎信用金庫事件・福岡高宮崎支判平一四・七・二労

人に損害を加える目的その他の不正の目的でなく」（二条）との表現であって、積極的な「公益目的」を有することが要件となっているのではない。すなわち、積極的な公益目的でなくても保護対象となるということであり、名誉毀損の違法性阻却事由の要件としての「その目的が専ら公益を図ることにあったと認める場合」（刑法二三〇条の二第一項）よりも保護範囲は広い。

しかし、これまでの判例でも、少なくとも解雇や損害賠償などの民事事件では、使用者の不正行為を行政機関や一般公衆に知らせた労働組合や労働者について、もっぱら公益目的であると認められる場合に限らず、[*7]主要な目的が「不当な目的」ではない場合には、解雇からの保護がなされたり不法行為の成立が否定されたりしている。[*8]この場合、公益目的とはいえない動機（たとえば、上司に対する感情的反発や処分を免れる動機）が混入していたとしても、それだけをもって公益目的であることが否定されるわけではない。[*9]また、労働組合にとっては、違法行為の是正自体の目的のほか、交渉を有利に導く意図が存在していたとしても、それをもって「不当な目的」があるとか「公益目的ではない」として保護が否定されるわけではない。[*10]

このように考えると、公益通報者保護法の目的要件は、これまでの内部告発事例についての判例の判断と実質的な相違はない。ただ、公益性の判断の枠組みとして、「主として公益を図ることにあった」かどうかではなく、主要な目的が「不正な目的ではないこと」が明確になったということができる。

判八三三号四八頁、いずみ市民生協事件・大阪地堺支判平一五・六・一八労判八五五号二二頁など。これらはいずれも資料の持ち出しが問題となった。

＊7　宮崎信用金庫事件・前掲＊6参照、いずみ市民生協事件・前掲＊6参照。

＊8　日本計算器事件・京都地峰山支判昭四六・三・一〇労判一二三号六頁、医療法人思誠会（富里病院）事件・前掲＊6参照、トナミ運輸事件・富山地判平一七・二・二三労判八九一号一二頁。小宮文人「内部告発の法的諸問題――公益通報者保護法に関連させて」日本労働法学会誌一〇五号（二〇〇五）七六頁。

＊9　日本医科大学事

そして、形式的には「不正の目的でなく」という例外的消極的要件構成であること、実質的には通報内容の公益性が不正目的ではないことを推定させることから、不正目的であること（しかも主として不正目的であること）の立証責任は使用者側にあるというべきである。[*11] また、従来の判例では必ずしも明確ではなかった一般法理における判断要素としての目的の公益性の構成もこのように整理されるべきであろう。

3　告発対象の問題

公益通報者保護法によって保護される通報対象事実は、「個人の生命又は身体の保護、消費者の利益の擁護、環境の保全、公正な競争の確保その他の国民の生命、身体、財産その他の利益の保護にかかわる法律として別表に掲げるもの……に規定する罪の犯罪行為の事実」およびこれらの法律に基づく行政処分違反が犯罪となる場合のその行政処分の理由となる事実に限定される（二条三項）。違法行為一般ではなく、[*12] 犯罪行為一般でもない。[*13] これは、この法律が労働者保護法ではなく基本的には消費者保護法の性格を有することからの限界でもあるし、[*14] この法律が保護の限界を画する法律ではなく保護範囲のうちの一部を対象とするものにすぎないこと（六条および前述の附帯決議）の反映でもある。

しかし、この法律によって疑問の余地のない保護対象が明確になったとか安全地

件・東京地判平一六・七・二六判時一八八六号六五頁、トナミ運輸事件・前掲＊8参照。逆に、不当な目的であると判断されたものとして、群英学園事件・東京高判平一四・四・一七労判八三一号六五頁（ただし、告発対象となった不正経理が真実ではなくそう考える根拠も欠くとの判断がされている）、千代田生命保険事件・東京地判平一一・二・一五判時一六七五号一〇七頁（ただし、これは元常務取締役の事件であり、労働者の事件ではない）、アンダーソンテクノロジー事件・東京地判平一八・八・三〇労判九二五号八〇頁（ただし、これも元取締役の事件で、会社および代表者への不満と糾

帯が明示された（竹中大臣の答弁）というものでもない。「別表に掲げるもの……に規定する罪の犯罪行為の事実」といっても、明確にこれに該当するとわかる場合もあればそうでない場合もある。「別表に掲げる法律の規定に基づく処分に違反することが前号に掲げる事実となる場合における当該処分の理由とされている事実」（二条三項二号。別表の法律に基づく行政処分違反が犯罪となる場合のその行政処分の理由となる事実）については、行政命令がなされないと、労働者にとっては、その法律に違反をしているかどうかすら、現実には判然としないであろう。具体的問題について、公益通報者保護法によって保護されるかどうか判断することに迷う事態が多く生じてくることが予想される。このような保護範囲の不明確さは、この法律自体が明示している（六条）ように、一般法や他の法律による内部告発の保護によって補われるほかない。

4　行政通報および外部通報の問題

(1)　行政通報および外部通報の要件

公益通報者保護法は、①内部通報については通報対象事実の発生があった（正確には「まさに生じようとしている」場合も含むが、以下ではこれを含めて通報対象事実の発生と表現する）と「思料する場合」を保護要件とし、②行政通報については通報対

弾のための報復措置と判断されている）がある。

＊10　日本計算器事件・前掲＊8参照。本書第**6**章七三頁。

＊11　内閣府・前掲＊5二八頁参照。

＊12　したがって、たとえば下請業者に多額の下請代金を支払っていないとか、取引上の契約に違反して納期をよく遅延しているとか、宣伝をしているような技術力を有していなかったために不良品を作ってしまったとかの事実は、民事上の債務不履行責任を発生させるにとどまり、通報対象事実ではない。

＊13　したがって、税法とか公職選挙法違反であって犯罪となる事実は保護される通報対象事実ではない。

象事実の発生を「信ずるに足りる相当な事由」がある場合を保護要件とし、③外部通報については通報対象事実の発生を「信ずるに足りる相当な事由」に加えて、内部通報や行政通報をすれば不利益取扱いを受けたり内部通報では証拠を隠滅されると「信ずるに足りる相当な理由」があることなどを保護要件としている（三条）。このように保護されるためのハードルが、内部通報、行政通報、外部通報とだんだんと高くなっている。

そうすると、通報対象事実の発生を「信ずるに足りる相当な理由」があると考えて行政通報をしたものの、後に通報対象事実の発生を「信ずるに足りる相当な理由」はなかったと判断された場合、この法律によっては保護されない。

また、現実に通報対象事実があり（しかも後にそれが裁判で証明されたとする）、不利益取扱いや証拠隠滅をされるおそれがあると労働者が考えて外部通報をしたところ、当該労働者が解雇されたとしよう。後にこの解雇をめぐる裁判で「内部通報をしてくれればすぐに是正した。解雇したのはいきなり外部通報をしたことによって会社が不利益を被ったからである。内部通報があっても不利益取扱いも証拠隠滅もするつもりはなかった」と使用者が主張し、訴訟では不利益取扱いや証拠隠滅をすると「信ずるに足りる相当な理由」はなかったと判断された場合も、この法律によっては保護されない（ただし、このような要件を要求されない一般的な解雇権濫用法理によって保護され解雇無効とされる場合が多いであろう）。

＊14　本書第２章二〇頁。

さらに、内部通報では足りないと考えた労働者が通報対象事実の発生を「信ずるに足りる相当な理由」があると考えて行政通報をし、これに基づいて行政機関が動き使用者に報告を求めたところ、行政機関が動き始めたことを察知した使用者が証拠をきれいに隠滅してしまって、行政機関が通報対象事実を発見できなかったが、何らかの事情から通報労働者がわかってしまい、「根拠のない行政通報をした」として労働者が解雇その他の不利益取扱いをされた場合、行政機関の調査の結果によっても通報対象事実が発見できなかったことが労働者の不利益に働き、通報対象事実の証拠も隠滅されてしまい、もはや通報対象事実の発生もそれを「信ずるに足りる相当な理由」が証明できなかったとした場合、これも公益通報者保護法によっては保護されない。

(2)　通報対象事実の発生を「信ずるに足りる相当な理由」

行政通報の保護要件および外部通報の保護要件の一つとしての通報対象事実の発生を「信ずるに足りる相当な理由」については、主要な点について通報対象事実が真実であること（真実性）、あるいは真実であると信ずるに相当なものであること（真実相当性）を必要とするという、これまでの内部告発事例に関する判例と同様なものであると評価することができる。[*15]

しかし、問題は、後に訴訟となった場合にこれをどのように証明するかである。

＊15　日本計算器事件・前掲＊8参照、三和銀行事件・大阪地判平一二・四・一七労判七九〇号四四頁、いずみ市民生協事件・前掲＊6参照、日本医科大学事件・前掲＊9参照、トナミ運輸事件・前掲＊8参照。なお、正確にいえば、主要な点について真実性ないし真実相当性を満たせばよいのであって、主要ではない点で真実と違っていたりそう「信ずるに足りる相当な理由」がなくてもよい。この点は、公益通報者保護法でも同様であろう。なお、逆に、重要な部分について真実であるとの証明がなく、また、そう「信じるに足りる相当な理由」があると認められないと判断されたものとして、アワーズ事

おそらく真実性なり真実相当性の立証責任は労働者に課されるであろうから、労働者が行政通報や外部通報をする場合、使用者が容易に事実を認めるとは思われないときには、通報対象事実についての客観的証拠や信用できる証人を用意できないでは、真実性または真実相当性を立証できない結果不利益取扱いが正当であるとされてしまう危険を免れることはできない。

　ところが、行政通報や外部通報にあたって客観的証拠を取得する行為が公益通報者保護法によって保護されるかといえば、この法律ではその点にふれるところはない。そうすると、行政通報や外部通報の要件がある場合であっても、通報自体はこの法律で保護されるとしても、その通報のためにあるいは後の不利益処分から自分の身を守るために、使用者の内部資料を持ち出したとすると、その資料持ち出しをもって不利益取扱いを受けても、この法律では保護されないことになる。当該労働者が接触権限のある資料を後日のために保管しておくだけであれば、その行為が問題となる余地は少ない。[＊16] しかし、自己が接触権限のない資料を入手してこれを行政通報や外部通報のために使用した場合、この資料の持ち出し行為を理由として解雇などの不利益処分を受けたときには、一般法理で対処するほかない。

　そこで、このことが問題となった判例を検討すると、「医療法人思誠会（富里病院）事件」（＊6参照）では、カルテをメモし検査記録をコピーして持ち出したことが就業規則違反ではあるが、事の重要性などからこれを理由として解雇することが

件・大阪地判平一七・四・二七労判八九七号二六頁。

＊16　仮にこれが形式上就業規則規定などに違反するとしても、通報対象事実の重要性と比較すれば、この就業規則規定違反の程度は大きくはないと判断されるであろう。

解雇権の濫用であると判断された。さらに、「宮崎信用金庫事件」（＊6参照）では、顧客の信用情報などを印刷してこれを持ち出したことが、不正疑惑を解明するという目的の正当性とただちに窃盗罪として処罰される程度に悪質な行為ではないことなどから、解雇は無効であると判断されている。従来の判例では、このような資料の持ち出しは、目的、内部告発対象の重要性、内部告発先、告発対象事実との関連性、取得の方法、などの要素によって判断されてきたのであり[＊17]、この法律の制定によってこの判断が影響を受けることはないと思われる。

そうすると、公益通報者保護法は、この法律だけで公益通報者の保護が完結するのではなく、他の法律や一般法理の適用を当然のこととして予定している法律であるということができる。

(3) 外部通報の要件としての不利益取扱いまたは証拠隠滅などがあると「信ずるに足りる相当な理由」

外部通報の保護要件としては、上記の真実性または真実相当性のほか、内部通報や行政通報をすると不利益取扱いを受けるおそれや内部通報では証拠隠滅のおそれがあると「信ずるに足りる相当な理由」が要求される（そのほか公益通報者保護法三条三号ハ、ニ、ホがあるが、これについてはふれない）。これがどのような場合かといえば、同種事案について過去に内部通報事例があったがその内部通報をした同僚が不

＊17　そのほか、いずみ市民生協事件・前掲＊6参照。また、結局は真実性ないし真実相当性がないと判断されたアワーズ事件・前掲＊15でも、象の飼育日誌の持ち出しを、「直ちに機密の漏洩行為と評価することも困難である」と判断している。

利益取扱いを受けたり証拠隠滅がされた場合や事業者ぐるみで通報対象事実が行われている場合があげられている。[*18]

だが、これらをどうやって立証するのだろう。過去に同種の内部通報を行った労働者が不利益取扱いを受けたという場合、そのような事態であったという事実がその労働者についての判決なりで示されていれば別であるが、その判決で当該労働者が敗訴している場合や不利益取扱いをされたその労働者がすでに退職して連絡がとれなくなってしまっていたりその過去の例の通報対象事実の証拠が散逸してしまっている場合にはどうだろうか。その場合には、内部通報をしたことによって同僚労働者が過去に不利益取扱いを受けたことがあると証明できなくなってしまって、内部通報によって不利益取扱いを受けると「信ずるに足りる相当な理由がある」ことにはならない。過去に行政通報をした同僚労働者が不利益取扱いを受け、それを問題とする訴訟で敗訴したということなのであれば、内部通報対象事実の真実性または真実相当性、あるいは不利益取扱いと行政通報との因果関係のいずれかが証明できなかったということではないだろうか。そうすると、これらの場合には同僚労働者が過去に内部通報または行政通報をした結果不利益取扱いを受けたことが証明できていないことになってしまう。このように考えると、この外部通報の要件を立証することは結構大変であることがわかる。

別の例をあげれば、公益通報対象事実について、上司が「これを他に漏らしたら

＊18　内閣府・前掲＊5六五頁以下参照。

承知しないからな」と発言していた場合には、外部通報の要件に該当するだろう。しかし、いざ訴訟になって、その上司がその発言を否定した場合どうなるだろう。外部通報の保護要件があるとするには、上司のその発言があったことの立証も必要になってくるだろう。

また、労働者にとって、外部通報の保護要件があるかどうか、それが将来立証可能かどうか（証人となるはずの人が本当に証人になってくれるかどうかは、通報段階ではわからない）を容易に判断することはできない。

これでは、慎重に対処しようとする労働者にとっては、通報対象事実および不利益取扱いや証拠隠滅のおそれがあると「信ずるに足りる相当な理由」について明白な証拠を入手している場合以外は、公益通報をためらう萎縮効果しかもたらさない。とりわけ、外部通報について、もし公益通報者保護法の定める者のみが保護の対象となるという誤った認識が広がるのであれば、この法律はその目的に反して内部告発抑制法となってしまう。

これに反し、外部者（使用者、行政機関以外）への内部告発に関する従来の判例では、処分を無効とするについて、このような要件（内部通報や行政通報では不利益取扱いを受けたり内部通報では証拠隠滅がなされるおそれがあると信ずるに足りる相当な理由）を要求せず、目的の正当性、真実性または真実相当性、手段の相当性などの要素の総合判断がなされている。[*19] つまり、公益通報者保護法で保護される範囲は、従来の判例で承認されている内部告発事例の判断で当該労働者が保護されるとされた範囲よりもかなり狭く、この法律施行後も、一般法理が適用されて保護される領域が大きい。

(4) 公益通報としての行政通報と申告、告訴、告発

労働者にとって、公益通報以外にも、行政機関への情報の提供は、いくつか存在する。典型的には、労基法一〇四条に基づく労基法違反の申告である。この場合には、「真実と信ずるに足りる相当な理由」などは要求されていないし、申告を理由とする不利益取扱いは禁止されている。労働安全衛生法九七条に基づく労働安全衛生法違反の申告も同様である。[*20]

さらに、告訴、告発には、そのための相当な合理的資料を確認すべき注意義務を負う[*21]とされるが、これは、公益通報者保護法にいう通報対象事実の発生を「真実と信ずるに足りる相当な理由」と内容的にはほとんど一致するものと思われ、公益通報者保護法の制定によって、告訴や告発を行った場合に不利益取扱いが禁止される範囲が広がったわけでもない。とりわけ、労基法違反や労働安全衛生法違反があるとしてなされる告訴や告発についていえば、労働者側が入手している資料やそれほど困難なく入手できる資料（給与明細、タイムカード、機械使用の手順書など）が、告訴告発を正当化するだけの根拠となるであろうから、公益通報者保護法で保護され

＊19　三和銀行事件・前掲＊15参照、杉本石油ガス退職金事件・東京地判平一四・一〇・一八労判八三七号一一頁、生駒市衛生社事件・奈良地判平一六・一・二一労判八七二号五九頁。週刊誌への掲載が予測できる者への情報提供が手段の相当性を逸脱していると判断されたものがある（千代田生命保険事件、アンダーソンテクノロジー事件・前掲＊9参照）が、公益目的ではないと判断されたことと、結果として行われた週刊誌記事の論調も結論に影響をしているものと思われる。

＊20　そのほか、労働者派遣事業の適正な運営の確保及び派遣労働者の就業条件の整備等に関する法律四九条の三、賃金の

る範囲はすでに一般法理で保護されているということができる。

　そうすると、労働関係法規違反事実の情報を行政機関に提供することについていえば、労働者のその情報提供行為は公益通報者保護法によってこれまで以上に保護されるわけではないし、ことさら「真実と信ずるに足りる相当な理由」などは要求されていない労基法一〇四条や労働安全衛生法九七条に基づく申告の方が公益通報者保護法の行政通報よりも使いやすいということもできる。

5　まとめ

　公益通報者保護法は、これまで「裏切者」「たれこみ」という否定的評価を受けることもあった内部告発が、それが違法行為を是正させる機能を持つことによって長期的には使用者にとって有用であり、「国民生活の安定及び社会経済の健全な発展」（一条）のために有用であるとの価値的評価を受けることを明らかにしたという点では、大きな意味を持つ。また、この法律によって保護を受ける内部告発の対象事実が明白なもの（告発対象がこの法律の規定する犯罪行為の事実であることが容易に判断できる事実であり、それほど困難なく真実性なり真実相当性が立証できるもの）であり、公益目的と手段の慎重性を備えれば、定型的に直接この法律によってそれを理由とする解雇や労働者派遣契約の解除が無効とされ（三条、四条）、不利益取扱が違

支払の確保等に関する法律一四条。
＊21　東北福祉大学事件・仙台地判平九・七・一五労判七二四号三四頁。

法とされる（五条）のであるから、その限りでは内部告発をした労働者の保護が容易になったと評価することができる。とりわけ、内部通報については保護の要件が緩和されたと評価することもできる。また、そのような内部告発に対する不利益取扱の抑制効果を期待することもできる。

しかし、労働者にとって、公益通報者保護法によって内部告発、とくに外部通報について、労働者が保護される範囲が広がったかといえば、決してそうではない。この法律は、内部告発に関するこれまでの判例で労働者が保護されるとされた範囲の一部の保護を立法化したものにすぎない。だからこそ、公益通報者保護法があるからといってこれ以外は保護されないとの反対解釈を許さないことや、他の法律による保護や一般法理による保護を抑制するものではないことが、法文でも、附帯決議でも、国会答弁でも繰り返し確認されてきたのである。

この法律によって従来の保護範囲が縮小されたり、従来の判例における労働者の保護範囲をこの法律の限度に近づけるような解釈がとられることがあれば、それは明文の規定や立法趣旨にも反すると評価することができる。

第5章　行政主体・行政機関による公益通報の処理

土田　伸也

1　はじめに

公益通報者保護法の下で、国および地方公共団体（行政主体）は労働者たる公務員を使用する事業者として、さらに、その機関（行政機関）は外部の労働者からの通報処理機関として法の規律に服する。もっとも、公益通報者保護法自体は、行政主体または行政機関に対する規律を詳細に設けていない。この法律上の不足部分を補う形で策定されたのが、二〇〇五年七月一九日付けの「国の行政機関の通報処理ガイドライン」（内部の職員等からの通報）および「国の行政機関の通報処理ガイドライン」（外部の労働者からの通報）である（以下、両ガイドラインを単に「ガイドライン」とする）。このガイドラインは、国の関係省庁間での申合せ事項を示したものので、その内容がただちに地方公共団体に法的拘束力をもって通用するわけではないが、そこで示されている内容は、公益通報処理の仕組みを新たに構築しようとする各地方公共団体にとって、標準的なモデルとして参考にされよう。

そこで、本章では、このガイドラインを参考にしながら、事業者として国または地方公共団体が内部職員等から通報を受ける場合と行政機関が外部の労働者から通報を受ける場合に大別して、行政主体および行政機関による公益通報処理の仕組みを鳥瞰することにしたい[*1]。

なお、公益通報者保護法制度について行政法の観点から言及した論考が乏しい点にかんがみ、本章では、公益通報処理に関する法的問題について行政法の観点から若干のコメントも行うことにする。

2　内部職員等からの公益通報処理

国または地方公共団体は、公益通報者保護法における事業者としてとらえられる。したがって、国または地方公共団体は、基本的に同法において事業者が果たすべき義務を履行しなければならない。この点、「公益通報をされた事業者は、当該公益通報に係る通報対象事実の中止その他是正のために必要と認める措置をとったときはその旨を、当該公益通報に係る通報対象事実がないときはその旨を、当該公益通報者に対し、遅滞なく、通知するよう努めなければならない」（九条）から、行政主体もまた、民間の事業者と同様に、この是正措置等の通知義務を果たすことが求められる。ただ、この通知義務以外に、公益通報者保護法上、事業者としての

＊1　行政主体・行政機関との関連で公益通報者保護法制度を論じるものとして、たとえば、村上耕司「総論・公益通報者保護制度の概要」、福士明「公益通報者保護法の施行と自治体の責務」等の論考を掲載する自治体法務研究（二〇〇六）五号六頁以下の特集がある。なお、内閣府は、インターネット上でも各行政機関向けに公益通報者保護法制度について説明している（http://www5.cao.go.jp/seikatsu/koueki/gyosei/index.html）。

行政主体に課された作為義務は存在しない。もっとも、ガイドラインには各行政機関が自主的に果たすべき事項が定められており、それによれば、①各行政機関は職員等からの通報を受け付ける総合的な窓口を設けること、②通報の受付に際しては、通報者に対する不利益取扱いのないことおよび通報者の秘密が保持されることを説明すること、③通報者に対し、公益通報処理の各段階における行政情報（たとえば、調査の進捗状況や行政機関がとった措置などの情報）をその都度通知すること、④調査の結果、法令違反等が明らかになったときは、速やかに是正措置等をとるとともに、必要があるときは、関係者の処分を行うこと、⑤各行政機関は、通報の受理から処理の終了までの標準処理期間を定め、または必要と見込まれる期間を、通報者に対し、遅滞なく通知するよう努めることなどが定められている。

これらの事項は公益通報者保護法およびガイドラインにおいて行政主体または行政機関が事業者として行うべきこととして求められる事項であるが、これとは逆に、行政主体または行政機関が行ってはならないこととして求められる事項もある。この点、公益通報者保護法は事業者が公益通報をしたことを理由として不利益な取扱いをしてはならず、仮に解雇が行われれば、それは無効であると規定しているから（三条、五条一項）、事業者たる行政主体にも同様の規律が及びそうである。しかし、同法は公益通報をしたことを理由とする公務員に対する免職その他不利益な取扱いの禁止については、公務員法の定めるところによるとしているため（七条第一文)、ただちに行政主体にも民間事業者と同様に公益通報者保護法上の規律が及ぶわけではない。それでは、国家公務員法および地方公務員法は公益通報者保護に関していかなる規律を設けているか。この点、国家公務員法においても、また地方公務員法においても明文による規律は存在しない。しかし、法律上、職員の任用は能力の実証に基づいて行うこととされ(国家公務員法(国公法)三三条一項、地方公務員法(地公法)一五条)、職員の分限、懲戒および身分保障については公正でなければならないとされており(国公法七四条一項、地公法二七条一項)、これらの規律の中に公益通報者保護法の趣旨を読み込むことは可能であり、それどころか、むしろ、そのように解釈しなければならない。なぜなら、公益通報者保護法は、「公益通報をしたことを理由として一般職の国家公務員等に対して免職その他不利益な取扱いがされることのないよう、これらの法律の規定を適用しなければならない」と定めているからである(七条第二文)。したがって、公益通報をしたことを理由として行われる分限処分や懲戒処分は許されない(国家公務員倫理規程一四条四号参照)。仮にそのような措置がとられれば、公務員法上、罰則の適用もありうる(国公法一一〇条一項七号、地公法六一条二号)。

以上のことを行政法の観点から敷衍すれば、次のようになろう。すなわち、一般に任命権者による職員の分限処分・懲戒処分には裁量が認められるが、この裁量行為を統制する一つの基準として公益通報者保護法七条第二文は機能する。この基準は行政上の基準（内部基準）ではなく、法律上の基準（外部基準）であるから、同基準に違反する処分は裁量権の逸脱・濫用として、ただちに違法性が認定されることになろう。また、公益通報をしたことを理由にして民間労働者に対して行われる解雇が公益通報者保護法上無効とされている点にかんがみれば、公益通報をしたことを理由にして公務員に対して行われる分限免職処分および懲戒免職処分は同様に無効ということになろう。この場合、判例および通説の見解を前提にすると、公益通報を理由とする公務員に対する分限免職処分および懲戒免職処分は重大かつ明白な瑕疵をともなう処分としてとらえられることになろう。

3　内部職員等からの公益通報と訴訟

行政法の観点からすれば、内部職員等からの公益通報処理に関して内部職員等から提起されうる訴訟は、行政上の個別の措置それ自体の予防・除去等を求めて争う訴訟（行政訴訟）と、金銭的補償を求めて争う訴訟（民事訴訟としての国家賠償請求訴訟）に大別することができる。このうち後者の訴訟については、国家賠償法一条が適用されることによって民法上の損害賠償請求とは異なる観点からの検討が必要になると考えられる部分がないわけではない。もっとも、行政活動そのものに対する司法統制を重要な要素とする「法律による行政の原理」の下では、このタイプの救済手段は第二次的救済手段として位置づけられるから、ここでは第一次的救済手段として位置づけられる前者のタイプの訴訟について、以下、若干の指摘をしておきたい。

ところで、内部職員等からの公益通報処理に関してとられる行政上の個別の措置には処分性を有する行為と処分性を有しない行為の二通りが考えられる。

このうち処分性を有する行為そのものを訴訟で争う場合には抗告訴訟（行政事件訴訟法（行訴法）三条）を利用することになる。[*2] たとえば公益通報をしたことを理由に懲戒免職処分をされた公務員が当該処分の取消しを求めて出訴すること（行訴法三条二項）や、公益通報をしたことを理由に懲戒免職処分をされそうな公務員が懲戒免職処分の差止めを求めて出訴すること（行訴法三条七項）が考えられる。[*3]

他方、処分性を有しない行為については、抗告訴訟の対象が処分性を有する行為に限定されていることから、抗告訴訟によって当該行為それ自体を争うことはできない。それでは、公益通報をしたことを理由に行われる行政機関の行為であって、かつ、当該行為に処分性が認められない場合、当該行為に不服を有する公務員は、いかなる訴訟を提起することによって自己の利益を守ることができるか。この点、たとえば国立感染症研究所の危険性を外部に知らしめたことを理由に厳重注意を受けた研究所の職員が争った国立感染症研究所事件[*4]では、原告たる職員は、厳重注意の無効確認を求めて当事者訴訟（行訴法四条）の形式で訴訟を提起している。しか

＊2　たとえば、公益通報を理由とする公務員に対する懲戒処分が無効であることを前提にして、当事者訴訟（行訴法四条）の形式により給与支払請求訴訟を提起することも考えられる。ただし、これは行政処分そのものを争う訴訟ではなく、公法上の法律関係を争う訴訟である。

＊3　無論、処分性以外の訴訟要件の問題は残る。

＊4　東京地判平一七・九・一五労判九〇五号三七頁。

し、この事件を審理した東京地方裁判所は、判決の中で、「確認の訴えは、原告の権利又は法律的地位についての現在の危険ないし不安が現に存在し、かつその危険又は不安を除去するための紛争解決の手段として有効適切である場合に限り、訴えの利益が認められる」と一般論を述べた上で、厳重注意が処分性を有せず、事実上の行為であるため、「本件注意の無効を確認することによって、原告の権利又は法律的地位についての現在の危険ないし不安が除去されるものではない」と結論づけ、原告の訴えを却下している。このような裁判所の見方を前提にする限り、公益通報をしたことを理由に厳重注意や訓告といった事実上の行為を受けた職員は、当該事実行為それ自体の除去を求めて争うことができない。このことは、公益通報者保護法が明文でもって公益通報をしたことを理由とする不利益取扱いを禁止し、さらに、一般的な解釈が訓告、厳重注意などの事実行為も禁止される不利益取扱いに含めている点にかんがみると、[*5] 公益通報をしたことを理由とする不利益取扱いの禁止について定めた公益通報者保護法の内容が、司法過程において実現されえないということを意味する。ここに公益通報者保護法の限界の一つがあると指摘できる。[*6]

なお、内部職員等から訴訟が提起されうる場合として、行政機関による不作為の場合（たとえば必要な調査が行われないなど）を指摘することもできる。この場合、その問題状況は、外部の労働者からの公益通報処理における不作為の場合と同様である（後述の**5**を参照）。

＊5　たとえば、内閣府国民生活局企画課編『詳説公益通報者保護法』（ぎょうせい、二〇〇六）九五頁。

＊6　公益通報をしたことを理由に公務員に対して不利益な事実行為が行われた場合、国家賠償法による救済の可能性は残されているものの、それが十分な救済といえるかは疑わしい。この点に関連し、「不利益取扱いを違法とすることはそれだけでも意義があるが、本来これも無効と定めるべきである」との指摘がある。阿部泰隆監修『やわらか頭の法戦略――続・政策法講座』（第一法規、二〇〇六）一九二頁。

4　外部の労働者からの公益通報処理

公益通報者保護法の下で、行政機関は外部の労働者からの公益通報を受け付ける機関としても位置づけられる。そして、「公益通報をされた行政機関は、必要な調査を行い、当該公益通報に係る通報対象事実があると認めるときは、法令に基づく措置その他適当な措置をとらなければならない」（一〇条一項）。この点、公益通報をされた行政機関が調査を行うか否か、行うとしていかなる調査を行うか、また、通報対象事実があると認めるときに措置をとるかとらないか、とるとしていかなる措置をとるかは、一般に行政機関の裁量にゆだねられていると解されている。[*7]

公益通報者保護法上は、このように一定の裁量が認められるところであるが、公益通報の処理方法については、ガイドラインの中で裁量統制の基準となる基本的事項が定められている。それによれば、①行政機関に通報受付窓口を設置すること、②通報の受付に際しては、通報者の秘密が保持されることを通報者に説明すること、③通報者に対し、公益通報処理の各段階における行政情報（たとえば、調査の進捗状況や行政機関がとった措置などの情報）をその都度通知すること、④通報の受理から処理の終了までの標準処理期間を定め、通報者に通知することなどが定められている。また、公益通報が誤って当該公益通報に係る通報対象事実について処分また

＊7　内閣府・前掲＊5　一一八頁参照。

は勧告等をする権限を有しない行政機関に対してされたときは、当該行政機関は、当該公益通報者に対し、当該公益通報に係る通報対象事実について処分または勧告等をする権限を有する行政機関を教示しなければならない（一一条）。ガイドラインによれば、このような教示は、公益通報の受理の前後を問わず、行われることとされている。

5　外部の労働者からの公益通報と訴訟

外部の労働者からの公益通報処理に関して訴訟になりうる場合として、行政機関が外部の労働者からの公益通報を受理したにもかかわらず、適切な措置をとらない場合（不作為の場合）が考えられる。この場合、実際に公益通報をした外部の労働者が訴訟を提起しようとすると、いかなる訴訟形式によることになるか。

この点、問題となる行為が処分性を有する行為であれば、原告たる公益通報者は第一号義務付け訴訟（行訴法三条六項一号）によって争うことが考えられる。たとえば、公益通報を受理した行政機関が処分権限（業務停止命令権など）を有している場合に、当該行政機関が処分をすべき旨を命ずることを求めて、原告が出訴する場合などがこれに該当する。これに対し、たとえば公益通報を受理した後に行われるべき調査が行われない場合など、処分性を有しない行為の不作為が問題となる場合、行政事件訴訟法上の義務付け訴訟（行訴法三条六項）を利用することは適切ではない。なぜなら義務付け訴訟で争われる行為は処分性を有する行為に限定されるからである。そこで、このような場合には、原告は当事者訴訟（行訴法四条）を利用して不作為が違法であることの確認を求めて出訴することなどが考えられよう。[*8] もっとも、一般論としては、義務付け訴訟にせよ、当事者訴訟にせよ、原告たる公益通報者からの請求が実際に裁判所によって認容される場合は限られているといえよう。その理由として、公益通報者によって主張される利益が反射的利益（法が公益を目的として定めをおいていることの反射として国民が享受する事実上の利益であり、裁判所によって保護される「法律上の利益」に対峙する利益）としてとらえられる可能性が高いことや、行政機関による不作為が裁量の範囲内にあると判断される可能性が高いことなどを指摘することができる。

なお、行政機関の不作為が問題となる場合の公益通報者の救済方法として、国家賠償法一条一項に基づく損害賠償請求も考えられる。判例および通説に従えば、国家賠償法一条一項の「公権力の行使」には公の目的を有する行政作用が広く含まれるから、問題となっている不作為が処分性を有するか否かは、損害賠償請求の成否に関係ない。しかし、公益通報処理に関する行政機関の不作為を争う上述の行政訴訟の場合と同様に、国家賠償請求訴訟においても、反射的利益論および行政裁量論は原告にとって大きな壁として立ちはだかる。[*9] そのため、公益通報者による損害賠

＊8　曽和教授は、法律が調査権限を授権している場合には国民に調査請求権が認められることを示唆する。曽和俊文「行政調査論再考（二）」三重大学法経論叢五巻二号（一九八八）九五頁、同「私人の申告・通報」芝池義一・小早川光郎・宇賀克也編『行政法の争点〔第三版〕』（有斐閣、二〇〇四）五〇頁以下。このような見地からは、行政機関に対する調査の義務づけを求めて出訴することも考えられよう。

＊9　ただし、行政訴訟における反射的利益論と

償請求が実際に裁判所によって認容される場合は限られているといえよう。

国家賠償請求訴訟における反射的利益論は手続法上のものか実体法上のものかという点で異なると指摘しうるし、行政訴訟における行政裁量の違法性と国家賠償請求訴訟における行政裁量の違法性についても、必ずしも同一にとらえられるわけではないであろう。そのため、公益通報処理に関する不作為を争う訴訟は、行政訴訟と国家賠償請求訴訟に分けて、それぞれ別個に議論をする必要があるといえよう。

第Ⅲ部　内部告発をめぐる判例

内部告発はこれまで、労働組合の情宣活動の一環としてなされるのが通例であった。その典型例が、第Ⅰ部でも取り上げた「日本計算器事件」であり、住民へビラを撒くことで、会社の不祥事を暴きつつ、自らの主張を会社に呑ませるための戦術として内部告発を利用するというものである。対して、内部告発の今日的特徴をあらわすのがトナミ事件である。トナミ事件は、業界のカルテル体制を社会に向けて告発した労働者が、会社から受けた制裁に耐え忍び、定年を前に会社を相手取り訴訟を提起したものであった。

このように、内部告発をめぐる裁判例を検証すると、時代背景の違いにより、その主体も異なれば（組合から労働者個人へ）、それに込めた思いも異なる（戦術から真相の究明へ）ことがみえてくる。しかし、個人による内部告発が増加するなか、公益通報者保護法が保護する公益通報の範囲が限定的なために、内部告発により不正を暴こうとする労働者が十分に保護されないことも懸念される。「内部告発」と「公益通報」の間のグレーゾーンに陥った労働者を救うために、裁判による救済は依然として存在意義が大きい。

第6章　内部告発時代における企業内労働組合の役割

川田　知子

1　はじめに

食品の偽装表示や自動車のリコール隠しなど企業の不祥事が相次ぎ、労働者によって企業の不正行為が次々と明らかにされるにつれ、「内部告発」の重要性が広く認識されるようになってきた。しかし、内部告発の問題は今に始まったことではない。以前は、労働組合が情報宣伝活動（情宣活動）の一環として企業の問題を告発する、あるいは、労働者に対する不当な扱いなどを告発することはごく一般的に行われていた。これに対し、近年では、労働組合の弱体化や労働条件の個別化等の流れの中で、集団ではない個々の労働者が企業の問題点に対して内部告発をしていくという動きが目立ってきた。このように、内部告発は古くて新しい問題であると同時に、「集団による告発」から「労働者個人による告発」へと、その方法も様変わりを見せている。

そこで、このような内部告発の変化とそれに対する裁判所の対応を検討するために、本章では、労働組合活動としての内部告発事案である「山陽新聞社事件」[*1]、「日本計算器事件」[*2]、および「杉本石油ガス退職金事件」[*3]を取り上げ、内部告発と労働組合活動の関係について検討し、内部告発時代における労働組合の果たすべき役割について言及してみたいと思う。[*4]

2　内部告発と組合活動に関する判例

(1)　山陽新聞社事件

一九六二年、組合は、会社の合理化による解雇や就業規則の改悪等に対する抗議行動の一環として、県知事が提唱し会社の指示によって行われている百万都市推進キャンペーンに対し、市民団体とともに反対運動に立ち上がった。その際、組合は、百万都市推進が公害の発生、住民の負担増、行政の中央集権化等をもたらすとして、これに対する反対および百万都市推進の宣伝を繰り返す会社への批判を書いたビラ約二万枚を、市内主要十数カ所で一般市民に配布した。この行為が会社の名誉・信用を著しく失墜させ、業務に支障を生じさせたとして、組合委員長ほか、幹部五名が懲戒解雇された事件である。

本件仮処分一審および二審判決はともに、企業が公共的性格をもつ場合には、その営業方針は直接間接に国民生活に影響を与えるものであるから、その企業内事情

＊1　仮処分事件として、岡山地判昭三八・一二・一〇労民集一四巻六号一四六六頁、広島高岡山支判昭四三・五・三一労判五九号八頁以下、本訴岡山地判昭四五・六・一〇労判一〇八号一九頁。

＊2　京都地峰山支判昭四六・三・一〇労判一二三号六頁。

＊3　東京地判平一四・一〇・一八労判八三七号一一頁。

＊4　本章で用いる「内部告発時代」とは、内部告発が契機となって数多くの企業の不祥事が発覚し、内部告発が社会問題化した時代であり、それにより内部告発の重要性が広く認識されるようになった時代であり、内部告発者を保護するための

を暴露することは公益に関する行為として、それが真実に基づく限り、企業はこれを受忍すべきである、とした。また組合活動の特殊性から、その情宣活動が使用者に対し抵抗的暴露的色彩をもつのは自然の勢いであって、その内容が直接間接に労使関係に関連するもので、しかもそれが真実に合致するものであるか、あるいは真実と信ずべき特段の事情があれば、正当な組合活動として、市民法の分野におけると同様の非難を加えることはできない、と判示した。

　本訴判決も同様に、新聞事業の公共性を強調した上で、本件ビラの記載内容はおおむね真実に合致するものであり、その表現の点においても正当性を失うものとはいえないため、本件ビラ配布行為は正当な組合活動であると認め、いずれも解雇は無効であると判断している。さらに、「労働組合は、労働条件を維持改善する目的を達成するための情報宣伝活動を行う自由を有していることはもちろんであるが、わが国労働組合に一般的な企業別組合としての閉鎖性およびこれより派生する交渉力の弱さを補うため組織外の労働者或いは一般市民に対して支援を呼びかける対外的情宣活動をなすことも許される」とした上で、新聞報道事業の公共的性格から、その編集方針ないし企業内事情を暴露されても、それが真実に合致する限り社会的に受忍すべき立場にあると解するのが相当である、と判断している。

法律が整備され、不正行為を是正する手段として内部告発が本格的に活用される時代を迎えたことを指す。

　なお、日本計算器事件判決については、すでに第1章で取り上げているところではあるが、本判決は組合活動としての内部告発の象徴的事例であることから、本章において検討するものである。

(2) 日本計算器事件

組合は、組合役員三名に対する不利益な人事異動の発令撤回交渉およびその他の劣勢を挽回するため、作業場における有毒ガスの発生により生命が脅かされ、工場廃液の河川流入により農作物に被害が生じたことを報じた組合名義のビラを付近居住者等に配布した。これに対して、会社は、ビラの記載内容はいずれも事実に反する虚構の記載であるとし、労働協約の「故意または重大な過失により会社に損害を与え・会社の信用を毀損した」その他の懲戒事由に該当するとして、原告ら組合三役を懲戒解雇した（事案の詳細は第Ⅰ章参照）。

判決は、「本来労働組合は、その存立の基礎である団結の維持強化をはかるため、指令その他の情報を、伝達蒐集するに必要な文書活動を不可欠の運動手段としているのであり、かかる文書活動が当該組合内部にとどまらず、その外部に及ぶことは自然の勢いというべく、全金組合の如く企業内組合の場合においてはその基礎の脆弱さをカヴァーし、使用者に対抗するため広く地域住民の支持と共感をえようとしてその労働条件、職場環境等の実情を外部に訴えることは極めて当然のことといわなければならない。しかしてその内容が地域住民の最大の関心事である工場廃液処理等公害問題に及ぶこともこれまた自然の勢いであって、地域住民も公害防止責任の一翼を担う以上（公害対策基本法第六条）寧ろかかる企業内部の実情を知ることをひとしく期待しているということができる。従ってこの公表された実情が真実に基づくときは、使用者は当然これを受忍すべきものと思われる。（そしてこれがたとえ真実とまではいえなくとも）、客観的にみて公害の一因であると信ずるにつき合理的理由があると判断すべき事実が公表伝達されたときは、使用者としては、これを正当な組合活動として矢張り受忍すべきものである」として、このような合理的理由のある文書活動を理由とする懲戒解雇処分は解雇権の濫用であり、無効であると判断した。

(3)　杉本石油ガス（退職金）事件

石油ガスの配送・充填および米の販売を行っている被告会社の労働組合は、二〇〇〇年冬季賞与の団体交渉の回答に妥結できないことをきっかけに、古米を混ぜて販売するなどの被告会社の行為を告発する文書を顧客に郵送し、また、被告会社社長の自宅前、本社前、取引銀行前において被告会社の行動等を非難する集会を繰り返し行った。そこで、被告会社は、告発文書の宛名書きや集会に参加しその後退職した原告の行為が、退職金規定所定の退職金不支給事由に該当するとして、退職金を支払わなかったため、原告は退職金の支払等を求める訴えを起こした。

判決は、「労働組合支部がした顧客への告発文書の送付は、会社が行う米の販売業務に少なからず支障をきたしたものであり、組合活動の一環として行ったものであることを考慮しても、手段の相当性において問題がある」こと、また、「顧客に送付された告発文書の内容は、会社が、魚沼米または多古米に古米を混ぜたもの、および多古米一〇〇％と表示した米に茨城米を混ぜたものを販売し、顧客をだまし続けているという主要な点において真実であるというべきである」ことから、「会社の従業員が、会社による米の不正な販売を告発する目的に基づき、告発文書を顧客に送付する行為に関与すること自体は、相応の理由があるものといえる」と判断した。また、「原告の行為は、米の不正な販売を告発するなどの目的に基づくものであるうえ、労働組合支部がした告発文書の送付行為の一部につき補助的な役割をしたに過ぎず、永年の勤続の功を抹消するほどの背信行為とはいえない」として、「本件各行為はいずれも退職金不支給の理由として相当性を欠くから、これを理由として退職金不支給とすることは認められない」と判断した。

3　判例の検討

(1)　労働組合の内部告発と組合活動の正当性

すでに第1章で指摘されているように、これまでの内部告発事件は、個人が主体となり会社組織の不正を暴こうとするものと、労働組合の労使交渉戦術として行われたものに大別される。本章で取り上げた三つの事案は、いずれも労働組合活動としての内部告発が問題となった後者の事案であり、労働組合が会社との労働条件改善交渉を有利に導く戦術として行われたという点で共通している。

一般に日本の企業内組合では、当該企業内の問題は組合の重要な関心事であり、内部告発は使用者に圧力をかける労働組合の交渉戦術として展開されてきた。そのため、従来からこのようなケースは内部告発の事例としてではなく、組合活動の正当性として議論されており、[*5]そこでは組合活動の主体・目的・態様の三つの局面に分けて正当性の基準を検討してきた。この点、個人が主体となって行う内部告発の正当性判断にあたっては、第一に、告発内容の真実性ないしは真実と信じる相当の理由の有無、第二に、告発行為の基本的目的が法違反や不正の是正にあること、第三に、内部告発の態様（手段・方法）が相当なものであること、が判断のポイントになる。[*6]両者の判断基準は基本的に類似しているが、労働組合の情宣活動としての告発行為に対する判例の傾向として、前述した正当性の判断基準を機械的にあてはめていくだけではなく、社会的公益重視の活動を積極的に評価する立場から、ときにはその基準をはみ出す判断を展開しているようにも思われる。そこで以下では、組合活動の正当性判断枠組みを中心に検討する。

(2)　組合の対外的情宣活動の正当性

まず、労働組合の任務について確認しておきたい。一般に、労働組合による内部告発に対しては、労働組合は労働条件の維持改善を目的とするものであるにもかか

＊5　その結果、内部告発の正当性は、組合活動の正当性の判断枠組みの中に吸収されていた。島田陽一・諏訪康雄・山川隆一「企業秘密と内部告発――コンプライアンスと公益通報者保護制度を背景として」労働判例八五八号（二〇〇四）九頁。

＊6　菅野和夫『労働法〔第七版〕』（弘文堂、二〇〇五）三六三頁以下。このほか、内部告発者を解雇した場合、その解雇処分が客観的に合理的な理由があり相当かどうかを判断するメルクマールとして①企業の公共性、②企業にとっての問題の重要性、③目的の公共性、④告発の方法、告発先と伝達方法、⑤真実性、資料入手の相当性、

わらず、それと直接関係ないことについて組合が告発することに批判の声が聞かれることがある。しかし、労働組合は本来、経営秩序の内部に包摂されてしまうものではなく、経営秩序からはみ出すものであり、むしろ経営秩序の外に出てこれを批判し改革することを任務とする団体である。したがって、組合が行う世論対策としての対外的情宣活動は、個人が行う場合のような市民的な言論の自由の行使にとどまるのではなく、組合活動の重要な部分を構成するものであり、一般に団結活動であり団体行動権の行使にほかならない。つまり、対外的情宣活動として行われる内部告発は、原則として正当な組合活動であり、使用者は受忍する義務を負うのである。[*7]この点、前掲山陽新聞社事件判決は、新聞社という報道事業のもつ公益的性格を、また、日本計算器事件判決は、公害問題が地域住民および従業員の生命や健康にかかわるきわめて公益性の強いものである点を重視して、組合の体外的情宣活動を容認したものといえるだろう。

もっとも、対外的情宣活動が正当な組合活動と解するためには、①その活動が労働条件の維持改善その他広義における労働者の生活利益を守るという、労働組合の団結目的に合致すること、②対外的情宣活動の内容が真実の事実であり、虚構の事実を内容とするものではないこと、という条件が必要であり、この条件を満たす対外的情宣活動は、それが組合活動であり労働基本権の行使であるがゆえに、たとえ企業の体面名誉・信用を損う内容を含んでいても、正当なものと評価すべきである

⑥告発の有用性を指摘するものもある。中村博「CSRにおける公益通報者保護法の意義と課題」季刊労働法二〇八号（二〇〇五）六二頁以下。

＊7　本多淳亮「労働者の企業外活動と職場規律――労働者・労働組合の公安闘争をめぐる諸問題」労働法律旬報七六五号（一九七一）九頁。

と考えられる。[*8]

そこで、組合による対外的情宣活動が労働組合の団結目的に合致しているかにつき、本章で取り上げた三事例を見ると、いずれも労使交渉のための戦術という意味が隠されている点は否めない。[*9] しかし、日本計算器事件判決では、労働組合が企業内公害の原因を告発することは、たとえそれが労使交渉のための戦術であったとしても、正当な組合活動であると判断している。なぜなら、本件のような公害問題は、地域住民の生命や健康に直接かかわる問題であるだけでなく、労働者も通常は地域住民として公害の被害者となりうるし、公害は多くの場合、合理化や労災・職業病と結びついていることから、労働者の生存権の確保という団結目的の範囲内における行動であると解されるからである。これに対して、杉本石油ガス（退職金）事件は、日本計算器事件に比べると若干公益性という観点が希薄であるように思われる。しかし、企業側の問題点を指摘し、顧客にとってプラスになるという点では純然たる私的な目的と異なる面がある上、[*10] 産地の公示などの消費者保護が問題となっている今日の組合活動の特殊性を指摘することもできるだろう。

(3)　告発内容の真実性

次に、告発内容の真実性について問題になるのは、部分的に真実といえないような情報を含んだ内部告発の場合に、真実性をどの程度厳格に判断するのかということ

＊8　籾井常喜『経営秩序と組合活動』（総合労働研究所、一九六五）二三六頁以下。

＊9　本書第1章参照。

＊10　大内伸哉・小島浩・男澤才樹・竹地潔・國武英生『コンプライアンスと内部告発』（日本労務研究会、二〇〇四）一二六頁。

とである。

この点、判例は、「本件ビラの記載内容はおおむね真実に合致するものであ（る）」（山陽新聞社事件判決）、「ビラの記事は、全面的に真実ともいえないし、さりとて虚構の事実ともいい難い（し）、……これを真実であると信じるにつき相当の理由があったこともまた否定しえない」（日本計算器事件判決）、「本件文書の内容は……主要な点においては真実というべき」（杉本石油ガス退職金事件）と判断している。これによれば、組合側において真実性の立証ができなくても、その情宣内容を真実であると信ずるにつき相当の理由があることを証明すれば、正当な組合活動と判断されることになる。

このように、従来から情宣活動などの組合活動事例においては、真実性の判断は比較的緩やかに判断されているように思われる。組合以外の活動事例においても、証拠収集能力や情報力が劣る内部告発者の立場を考えると、表現に多少の誇張や部分的な誤りあるいは不適切・不穏当な表現があったとしても（事実を捏造《ねつぞう》したり、あるいは著しく誇張歪わい曲したと認められない限り）、そのことのみでただちに真実性を否定すべきではなく、その他のさまざまな事情を考慮しながらその真実性を判断すべきである。[*11]

＊11　「公益通報者保護法の施行と企業の実務的対応――〝実務的対応策〟に関する最新の情報・研究を踏まえて」経営法曹研究会報第五〇号（二〇〇六）二七頁。

(4)　告発の手段・方法の相当性

最後に、告発の手段・方法の相当性である。この点、杉本石油ガス事件判決では、組合支部がした顧客への内部告発文書の送付は、被告会社が行う米の販売業務に少なからず支障を来したものであり、組合活動の一環として行ったものであることを考慮しても、「手段の相当性において問題がある」と判断している（結論的には、本件は、労働組合活動に果たした原告の役割が補助的なものであったことから、背信性が否定され、退職金不支給は不当であると判断されている）。このように、一般的には、企業秘密や企業の不正行為を企業外部に公表する場合には、告発の手段や態様の相当性に加え、当該告発が企業に著しい影響を及ぼすか否か（この事件では米の販売業務に支障を来したことが指摘されている）が重要な判断要素として考慮される。

これに対して、日本計算器事件判決は、ビラの配布によって会社の名誉および信用が毀損されたことが推認されるとしながらも、労働組合の地域住民への活動を当然なものと認めた点は注目に値する。通常、労働組合は労働条件の維持改善を図ることを目的としているが、労働者および労働組合は地域住民の最大の関心事である工場廃液処理等公害問題について無関心でありえず、また、公害対策基本法の趣旨から、地域住民も公害防止責任の一翼を担う以上、事実を知りえた労働組合が地域住民に企業内部の実情を伝えることも正当な組合活動であるとする。本件は、地域住民にビラを配布するという、告発の手段および態様の相当性が問われる事案であるが、公害の発生によって住民の生命や健康を脅かす可能性があり、また「真相の完全な究明を待っては遅きに失する嫌いがある」ことなどを考慮すると、労働組合が企業外部に公表することに相当性が認められるケースであったものと思われる。

4　労働組合の役割

最後に、企業の不祥事の防止に労働組合が果たすべき役割について若干指摘しておきたい。

三菱自動車のリコール隠し事件は、運輸省への内部告発から火の手が上がった。なぜ外部に告発する前に企業内部で対応できなかったのか。その理由として、第一に、組合執行部に相談しても取り合ってもらえないと思われたこと、第二に、執行部による職場の情報把握が日ごろから不十分だったのではないかという点が指摘されている。*12

日本の企業内組合は、企業社会の中に組み込まれ、経営者のパートナーであり身内であるため、企業経営を監視する機能は構造的に難しい状況にあったといわざるをえない。しかし、二〇〇五年四月に発生したＪＲ福知山線脱線事故では、事故原因の背景の一つと指摘された「日勤教育」や、コスト削減のために線路の点検を行う保線作業などの外注化に対して、労働組合はＪＲに対して問題点を指摘し改善を

＊12　日本経済新聞（二〇〇〇年一〇月八日）。

求める努力を行っていたのかという点を厳しく追及されることとなった。

このように、一連の企業の不祥事では労働組合がチェック機能を果たしているかどうかが厳しく問われ、物言わぬ労働組合は企業にとって決して望ましいものではないことが次第に意識され始めた。また、近年、企業の社会的責任（ＣＳＲ）の取組みが広がる中で、労働組合の果たすべき役割も、自らの権利や労働条件などの保障を求めるだけでなく、経営を監視・点検する社会的役割が求められるようになりつつある。公益通報者保護法の制定により、社内に内部通報制度を設ける企業が増加しているが、[*13]内部告発というデリケートな問題については、企業内組合が有するバランス感覚や（良い意味での）協調的労使関係の上にたった労使によるチェック・システムの構築が必要である。このような意味から、内部告発時代における労働組合の新たな役割を模索すべき時期にきているのではないかと考える。

＊13　國武英生「公益通報者保護法の法的問題」労働法律旬報一五九九号（二〇〇五）一三頁、株式オンブズマン「公益通報者保護法案の評価とヘルプラインの設置・運用状況について」（http://www1.neweb.ne.jp/wa/kabuombu/040611-1.pdf）。

第7章　労働者個人が主体となる内部告発の正当性の判断枠組み
——医療法人思誠会（富里病院）事件

長谷川　聡

1　はじめに

前章で論じられたように、内部告発の中心的な担い手が労働組合から労働者個人へと変化したため、組合活動の正当性という枠組みの外で内部告発の正当性を検討しなければならない場面が増えてきている。本章で紹介する医療法人思誠会（富里病院）事件[*1]は、病院勤務の医師が、病院内部で行われていた抗生物質の過剰投与の事実等について保健所に内部告発を行ったことを理由に解雇されたことを不服として、解雇の無効等を求めた事件である。職業倫理に支えられた労働者が企業内の重大な不正をその是正を目的に開示したのに対し、企業がこれを企業に対する裏切り行為としてとがめるという本件の構造は、内部告発の正当性が争われる典型例ということができよう[*2]。本章では、この典型的事例を素材として、労働者個人による内部告発が問題となる背景と、個人が主体となった内部告発の正当性を検討するとき

＊1　東京地判平七・一一・二七労判六八三号一七頁。
＊2　この事件の評釈として、小宮文人「病院内における抗生物質過剰投与などを保健所に申告したことを理由とする医師の解雇の効力」判例時報一五八五号（一九九七）二一九頁。
＊3　裁判例における内部告発の正当性の判断傾向については、島田陽一「労働者の内部告発とその法的論点」労働判例八四〇号（二〇〇三）五頁、水谷英夫「『内部告発』と労働法」日本労働研究雑誌五三〇号（二〇〇四）一一頁、國武英生「公益通報者保護法の法的問題」労働法律旬報一五九九号一一（二〇〇

に用いられる判断枠組みについて検討してみたい。[*3]

2　医療法人思誠会（富里病院）事件

原告X_1、X_2は、被告医療法人Yに雇われて富里病院で内科医として働いていた医師である。

富里病院では、化膿などを起こす細菌の一種であるMRSA[*4]の保菌者が患者内に増加してきたため、A院長らの下、原告ら医師などが集まって、手洗い・消毒の励行や、感染症患者の隔離、MRSAの発生原因といわれる第三世代の抗生物質[*5]の投与を控えるなどの対策を講じていた。このような中、X_1は、感染防止対策マニュアルの作成を担当していた。

ある日X_2は、B医師が薬剤感受性検査の結果とは無関係に第三世代の抗生物質の投与を行っていたことを当直診療の際に発見した。以前B医師から患者にとって不要な施術を行うことを求められた経験のあったX_2は、X_1とともに、A院長や医師Bに無断でB医師担当の患者のカルテをメモし、薬剤感受性検査に関する報告書等をコピーして持ち出した。これらを分析した結果、薬剤の過剰投与の事実が存在し、これによりMRSAの発生率が高められていると判断したX_1らは、これをA院長や

五）頁など。

＊4　メチシリン耐性黄色ブドウ球菌（methicillin-resistant staphylococcus aureus）。各種感染症の原因となる黄色ブドウ球菌の中で、これに対する抗菌薬であるメチシリンなどの多くの抗生物質に対して耐性を有するタイプのもの。この耐性のため、治療が困難になることも多い。

＊5　抗生物質の投与により当該抗生物質に耐性をもつ細菌が生まれることがあり、これに対応するために新たな抗生物質の研究が進められる。第三世代の抗生物質は、このような流れで開発された三代目の抗生物質で、一般に前世代よりも有効範囲は広いが、その分耐性菌が発生したときの対

病院の実質的経営権を有するC会長等に上申した。A院長等は、指導改善を約束し、B医師にはいずれ辞めてもらうとまで発言したものの、結局具体的な対応をとらず、B医師の診療方法はまったく改善されなかった。

もっともA院長は、X_1らの上申からさかのぼること約一年前にB医師が過剰診療をしていることに気づき、C会長にB医師を解雇すべきことをすでに指摘していた。このときC会長は、B医師の医療行為の収益性が高いことを理由にこれを拒否し、指摘とはむしろ逆にB医師を副院長待遇に処遇するなどしていた。医師Bが利用していた第三世代の抗生物質は、薬価差益が大きかったのである。

病院側に不正医療を改善する意思がないと判断したX_1らは、保健所に抗生物質が過剰投与されている事実を申告し、改善指導を求めた。その翌日、X_1らが保健所に病院について何らかの申告をしたことを突き止めたYは、これを理由にX_1らの解雇を決定した。その後、保健所がYを指導することはなく、右申告内容を公表することもなかった。

X_1らはこの解雇を不服として、これの無効確認等を求めて訴訟を提起した。

3　裁判所の判断

裁判所は、解雇の理由が、医師らが保健所に申告を行ったことにあると認定し、

応は困難になる。

内部告発の正当性について次のように判断して、本件解雇を無効と判断した。

「富里病院においては、B医師が抗生物質の過剰かつ不適切な投与を行うなどしていたこと、その診療方法は、A院長も、非常識であると考えて、C会長に同医師の解雇を上申していたほどであって、医学的見地から誤りである蓋然性が高いこと、当時、富里病院においては、MRSA保菌者が相当数存在し、死亡者も発生しており、第三世代系の抗生物質の過剰かつ不適切な投与がその原因の一つとなっている可能性が高く、B医師の診療方法は入院患者の身体・生命の安全に直接関わる問題であること、原告らはA院長やC会長らに、B医師の診療方法等について、再三その指導改善を求めたが、B医師の診療方法に変化はなく、原告らは被告が右診療方法等の改善をする気がないものと判断して、保健所による指導改善を期待して右内部告発に及んだものであり、不当な目的は認められないこと、原告らが、右保健所への申告内容が右保健所を通じて公表されたり、社会一般に広く流布されることを予見ないし意図していたとも認められないこと、被告は右申告の翌日に原告らを本件解雇したものであるが、本件解雇通告時はもちろん、その後も保健所を通じて原告らの申告内容が外部に公表されたことはなく、保健所から不利益な扱いを受けたこともないことが認められる」。以上によれば、保健所への申告を理由に「原告らを解雇するのは、解雇権の濫用にあたるというべきである」。

4　労働者個人による内部告発の態様と公益通報者保護法

(1)　個人による内部告発が増加している背景

組合が内部告発の主体となる事件に代わり、近年、労働者個人が内部告発の主体となる事件が増えている。

その背景の一つとして、組織率の低下によって労働組合が使用者に対してもつチェック機能が低下しているという現状がある。二〇〇七年時点の労働組合の組織率は、一八・一％である。[*6] 前章で紹介した組合による内部告発の正当性が争点となった日本計算器事件判決が出された一九七一年の組織率が三四・八％であったことと比較すると、低下の程度がわかる。組織の大小は、交渉力をはじめとする労働組合の力の大小に反映されるから、当然使用者の不正を十分に追及することができる労働組合は少なくなる。組織率の急速な改善を期待できない今日、労働者個人が、従来組合が担っていたチェック機能を担わなければならなくなったのである。

また、内部告発を通じて明るみに出た複数の不祥事――食肉産地偽装事件や原子炉検査不正報告事件など――を通じて、内部告発に対する社会的な評価の重心が、会社に対する裏切り行為から、公益の保護に役立つ行為へと移動しつつあることも影響しているであろう。使用者と同様に労働者も、信義誠実の原則（労働契約法三

＊6　厚生労働省「労働組合基礎調査」二〇〇七年六月現在。

条四項）に基づいて相手方の利益に配慮し、不当な不利益を及ぼさないよう誠実に行動することを求められている（誠実義務）が、これはそもそも会社に従属する義務ではなく、告発の内容や目的、手段次第では、会社に損害を与えたとしても、正当な行為として誠実義務違反を否定すべきことが強調されるようになったのである。この一連の不祥事に対する告発は、行政による外からの監視では行き届かない企業内部の不正監視を労働者によって補完することが有効であることを認識させるきっかけにもなった。

第2章で紹介した公益通報者保護法は、このような内部告発に対する社会的な意識の変化を受けて、労働者が個人で内部告発を行うときのルールを設定し、それを公益保護のために活用することを制度化した法律として理解することができる。

(2)　内部告発の正当性を判断する枠組み

本判決は、個人による内部告発の正当性を判断するためにどのような判断枠組みを用いているだろうか。判決文を追うと、①告発内容の真実性、②告発の目的（公益性）、③告発の手段態様という判断要素が総合的に検討され、内部告発の正当性の有無が判断されていることがわかる。

これは、民事上の名誉毀損について、「その行為が公共の利害に関する事実に係りもっぱら公益を図る目的に出た場合には、適示された事実が真実であることが証明されたときは、右行為には違法性がなく、不法行為は成立しないものと解するのが相当であり、もし、右事実が真実であることが証明されなくても、その行為者においてその事実を真実と信ずるについての相当の理由があるときには、右行為には故意もしくは過失がなく、結局、不法行為は成立しないものと解するのが相当である」という最高裁の判断枠組み[*7]を踏まえたものと考えられる。

この最高裁判決は、衆議院議員の立候補者であった者について経歴詐称や前科の存在が疑われることを新聞記事にしたことが正当であるか否かについて判断したものであり、内部告発の正当性を争点とした事件ではない。しかし批判的言動が、一方では批判の対象に損害を与える可能性をもち、他方では市民に利益をもたらしうるという問題構造は、内部告発がもつそれと類似している。この点に、この最高裁判決に類似する判断枠組みが、内部告発の事件において採用される基礎があったといえよう。

本判決は、企業に不利益を与える点で一見すると誠実義務に違反する内部告発がなぜ正当化されるのか、という根本的な問いには明確に答えていない。しかし、この最高裁の理論が、名誉毀損が公共の利害にかかわる場合、これを表現の自由の一環として保護することが社会一般の利益に役立つ可能性があることを考慮して、目的の公益性と指摘した内容の真実性を条件にこれを罰しないことを定める刑法二三〇条の二に由来している[*8]ことに着目すると、公益保護の要請と労働者の職場におけ

＊7　最判昭四一・六・二三民集二〇巻五号一一一八頁。

＊8　右の理論を示した後に、括弧書きで、「このことは、刑法二三〇条の二の規定の趣旨からも十分窺うことができる」と判示されている。

る表現の自由が本判決の判断の基礎にあると考えられる。後の裁判例の中にも、公益の保護に役立つことを強調する裁判例や、[*9]内部告発者の人格権ないし人格的利益の保護に根拠を求めるものがある。[*10]

以下、前掲した三つの判断要素について便宜的に分けて論じるが、実際には判断要素が相互に関連して総合的に判断されていることをあらかじめ指摘しておきたい。

①　告発内容の真実性　　告発内容が真実であることが客観的証拠に基づいて証明されることが望ましいことはいうまでもない。だが仮にこのような証拠が存在しない場合でも、内部告発に係る事実関係が真実であると信じるに足りる合理的な理由があれば、内部告発の正当性は肯定されうる。[*11]不正の内容が身体生命にかかわる重大なものである場合には、これを是正する必要性が非常に高いため、告発内容に多少虚偽や誇張、推測が混じる場合であってもこれを重視しない傾向にある。[*12]

本件医療法人思誠会（富里病院）事件においても、抗生物質の過剰投与がＭＲＳＡ保菌者数の増加に結びついていることが客観的に真実であると証明されているわけではなく、これらが関連する蓋然性や可能性が高いことを認めることでこの判断要素をクリアしている。

②　告発の目的　　労働組合が内部告発の主体となった場合、内部告発は組合活動を使用者に対して優位に展開するためのカードとして、その意味では組合にとっ

＊9　首都高速道路公団事件・東京地判平九・五・二二労判七一八号一七頁。

＊10　いずみ市民生協事件・大阪地堺支判平一五・六・一八労判八五五号二二頁。

＊11　たとえば、三和銀行事件・大阪地判平一二・四・一七労判七九〇号四四頁。

＊12　たとえば、聖路加国際病院事件・東京高判昭五四・一・三〇労判三一三号三四頁。

て利己的に行われることが多い。しかし、個人が主体となる場合は、右に示した判断枠組みを基礎とすることから、一般に公益の保護を目的とすることが必要とされる。患者の身体・生命の安全に直接かかわる不正な医療行為の是正を訴えた本件は、まさにこの目的を有していたといえよう。

もっとも、個人が内部告発をする場合であっても、内部告発という行為の性質上、所属企業に対する一種のうらみや不満がまったく存在しないことは考えにくい。その意味で裁判例も、告発が不正の是正のみを目的にして行われたことを厳格に要求することはなく、たとえば本件のように、告発しても病院に損害が発生する可能性が低く、告発内容とも関連する保健所を告発先として選択したことを不当な意図がなかったことと結びつけるなどして、目的の妥当性を根拠づけている。

これを逆に捉えると、マスコミを告発先としたり、告発前に企業内で不正の是正努力を行わなかったりした場合には、加害意図が認められやすくなり、誠実義務違反が認められやすくなるといえるだろう。

③　告発の手段態様　　不正の事実を明らかにする証拠が、本来ならば告発者が権限なく取得・閲覧することができない企業内部の資料である場合、これを取得することは告発者が企業秩序を侵犯する程度を高めることになる。しかし、真実性の高い内部告発を行うには、告発者が不正の事実が存在することをできるだけ調査する準備行為が必要であり、労働者の情報収集能力が企業と比較して弱い以上、内部

告発において企業が労働者に閲覧を禁じている資料が用いられていたとしても、これを取得した行為を内部告発の正当性を否定する要素として評価することをある程度避けることが，裁判所に求められることになろう。本件も、権限なくB医師のカルテなどをメモしている点で情報収集方法にやや問題があるとされる事案であるが、裁判所はこれをほとんど問題にしていない。病院の不正な保険請求について所轄機関に告発するにあたり、根拠資料としてカルテ等を提出していた医療法人毅峰会事件[*13]では、このような証拠の利用を企業が禁止することができるとすれば具体性のある内部告発をすることは不可能になることが指摘されている。

労働者の企業情報へのアクセスがどの程度認められるかは、その企業情報の内容を踏まえて事案毎に総合的に判断されることになろう。とくに告発に利用された資料が企業の最高機密であった場合には、その内部告発に正当性を認めるためには、告発目的の公益性等その他の判断要素において、より強い正当化根拠が求められることになる。この点に関する議論については、次章を参照されたい[*14]。

告発の経緯に関しては、企業外部へ内部告発を行う前に、本件のように病院の医療行為について責任をもつ者に不正を是正すべく申立てを行うなどして、企業内部で告発者が不正を是正する努力を行ったかも判断要素になる。労働者は、誠実義務に基づいて使用者の被る不利益にも配慮することを求められており、企業内部での是正努力は、不正の事実が外部に漏れる前に体質改善するチャンスを企業に与える

＊13　大阪地決平九・七・一四労判七三五号八九頁。

＊14　宮崎信用金庫事件・福岡高宮崎支判平一四・七・二労判八三三号四八頁。

点で、この義務の要請にも結びつく。公益通報者保護法も企業内部での問題処理を原則としている。

とはいえ、要請される是正努力の程度は事案によって異なる。告発主体の企業内での地位が比較的高く、告発を行うことによって企業に致命的な影響が出る可能性がある場合には、企業内部で不正を是正する努力が厳格に要求されることになろう。[*15] 反対に、内部告発の内容が本件のように生命身体にかかわる重大な事実である場合[*16]や、企業が企業内に不正通報窓口を設けていないなど、内部告発に対して十分な対応を講じていない場合には、必ずしも企業内での是正努力は必要とされないことになろう。誠実義務は、労使双方の信頼関係を基礎とする概念であり、[*17] 労働者が使用者に対してどれだけ誠実な対応を求められるかは、使用者が不正の内容や法令順守制度の整備などの点で労働者の信頼を裏切った程度との比較衡量に基づいて判断されると解されるからである。

＊15　群英学園事件・東京高判平一四・四・一七労判八三一号六五頁。
＊16　生駒市衛生社事件・奈良地判平一六・一・二一労判八七二号五九頁。
＊17　菅野和夫『労働法〔第八版〕』（弘文堂、二〇〇八）七三頁。

(3)　判例法理と公益通報者保護法との関係

以上、判例の判断枠組みの概要を紹介したが、これと公益通報者保護法とはいかなる関係に立つのであろうか。

公益通報者保護法の適用対象となる内部告発については、判例法理よりも保護基準を明確にした公益通報者保護法が用いられることになろう。もっとも、公益通報者保護法は同法の適用範囲にある事案において判例法理を利用することを否定しておらず、公益通報者保護法が規定する公益通報を理由とする解雇無効等不利益取扱いの禁止（三～五条）以外の救済――たとえば損害賠償――を求めようとすれば、判例法理を用いる必要がある。

また、公益通報者保護法が適用対象としていない内部告発、たとえば列挙から漏れる通報対象法律における犯罪の事実や民事上の不正に関する内部告発については、従来通り判例法理が適用されよう。公益通報者保護法は、保護される告発の一部を規定したにすぎず[*18]、同法の適用範囲外にある内部告発を保護しない趣旨で制定されたものではないのである（六条）。

公益通報者保護法の制定後も判例法理にはなお果たすべき役割があり、いくつかの点で似た判断要素をもつ公益通報者保護法から判例法理がいかなる影響を受け[*19]、いかに判断基準を精緻なものにしていくか、なお注視する必要がある。

＊18　内閣府「公益通報者保護法の逐条解説」四七頁（公益通報者保護制度ウェブサイト、http://www5.cao.go.jp/seikatsu/koueki/gaiyo/tikujo.html）。

＊19　たとえば、公益通報者保護法の判断枠組みが同法の適用範囲外における内部告発の正当性の判断においても参考にされることを指摘するものがある（菅野・前掲＊17　三八六頁参照）。

第8章　内部告発を目的とした顧客信用情報の取得とその正当性
――宮崎信用金庫事件

畑中　祥子

1　はじめに

本章で紹介する裁判例は、信用金庫の迂回融資等顧客との不正な関係を追及する目的で顧客の信用情報を入手し外部へ通報した当該信用金庫職員の行為が、窃盗ならびに信用金庫の社会的信用を失墜させたことを理由として懲戒解雇の対象とされ、その処分の無効を争った事案である（「宮崎信用金庫事件」）[*1]。本件では、内部告発のために必要な資料を収集する行為が就業規則のみならず刑法等にも抵触しうるという、内部告発が本質的に抱えている問題点について、労働者の秘密保持義務と内部告発の手段態様との関係が問題となった点が特徴である。

＊1　福岡高宮崎支判平一四・七・二労判八三三号四八頁。本件控訴審を受けて被告側が上告したものの、最高裁は上告理由が民訴法に規定する事由に該当しないとして棄却するとともに、上告受理申立についても不受理の決定を下した（最二小決平一七・七・一労判八九三号一九四頁）。

2　事件の概要

原告X_1およびX_2は被告信用金庫Yの職員である。X_1らは、いずれもY職員組合の副執行委員長の地位にあり、組合活動を通じてYにおける不正疑惑を積極的に追及していた。

X_1およびX_2は、Yの支店長、係長および職員らと顧客とのゆ着による迂回融資や名義貸しによる不正融資等に関する調査を行い、オンライン端末機を利用してY管理に係るホストコンピュータにアクセスし、当該不正にかかわったとされる顧客の信用情報を印刷し、事実関係の確認と資料の収集を行った。

またX_2は、Yの人事異動に対する批判と人事の是正や被告役員の背任行為の調査を求める内容の文書を、差出人の名を記さずにYの総務部長に郵送した。これを受け、Yは内部調査を実施したところ、Y支店長および係長らと顧客との癒着や、名義貸しによる融資の事実が判明したため、理事長、専務理事および常務理事を監督責任に基づいて減俸処分とし、関係職員を減給一カ月またはけん責の懲戒処分に付した（ただしX_1らは再三にわたり不正を追及したが、処分はこの一回だけであった）。

この間、X_1は、自ら収集したYにおける職員らの不正行為の疑惑に関する資料を衆議院議員の公設秘書（X_1の弟）と宮崎県警に提出した（なお、これらの提出は組合の機関決定に基づかずに行われた)。

さらに、X_1らによるものかは明らかではないが、訴外新聞記者で右翼活動家Aが、Y会長を訪れ、X_1らが収集した情報の一部を含む資料を提示して、再三にわたり当座預金口座の開設等の利益供与を要求した。

これに対しYは、本件資料の外部への流出の責任者を処分すべく調査委員会を設置し、X_1らを含む関係職員から事情聴取を行った。同委員会の調査結果に基づき、本件資料の漏洩《えい》につき、X_1らの関与が明らかであるとして、X_1らの行為がY就業規則における懲戒解雇事由に該当することを理由に懲戒解雇することを決定した。

なお、懲戒解雇事由を定めたY就業規則七五条二項には、①職場内外において窃盗、横領、傷害等刑事犯または、これに類する行為のあったとき(同項四号)、②業務上の重要な秘密を他に漏らしたとき、または漏らそうとしたとき(同項八号)、③その他職務の内外を問わず、金庫の名誉と信用を著しく失墜し、もしくは取引関係に悪影響を与える行為があったとき(同項一一号)が定められていた。

X_1らは、懲戒解雇事由の不存在および自らの行為の正当性を主張し、本件懲戒解雇の無効確認および賃金の支払を求めて出訴した。

原審[*2]では、①X_1らの取得した文書および写しがYの所有物であり、Yの許可なく業務外で取得する行為は、Y就業規則七四条二項四号の窃盗に該当すること、②X_1らによる本件情報の取得および外部への持ち出し行為が顧客信用情報の秘密保持義

＊2　宮崎地判平一二・九・二五労判八三三号五五頁、判時一八〇四号一三七頁には当事者の主張も掲載されている。

務を負う金融機関の職員としての重大な規律違反行為に該当すること③原告らは本件資料の機密性を知りつつ厳重な保管をしなかったために外部へ流出したことに対する責任を負うべきである、としてYによるX1らの懲戒解雇は有効であると判示した。これに対し、本件控訴審では、一転、本件懲戒解雇を無効とする判断を示した。

3　裁判所の判断

(1)　X1らが取得した本件顧客信用情報の「各印刷した文書及び写しは、いずれもYの所有物であるから、これを業務外の目的に使用するために、Yの許可なく業務外で取得する行為は、形式的には、窃盗に当たるといえなくはない」。

しかし、「就業規則七五条一項は出勤停止、減給又は譴責の事由として『許可を得ないで金庫の施設・什器備品、車両等を業務以外の目的で使用したとき（八号）』、『正当な理由なく金庫の金品を持ち出し、または私用に供したとき（九号）』を定めており、形式的に窃盗に当たる行為であっても出勤停止又はこれより軽い処分をもって臨む場合のあることが予定されていることが認められる。他方、同条二項四号の表現は『職場内外において……刑事犯または、これに類する行為』となっており、同号が懲戒解雇事由として予定しているのは、刑罰に処される程度に悪質な行為であると解される」。

「そうすると、X_1らが取得した文書等は、その財産的価値はさしたるものではなく、その記載内容を外部に漏らさない限りはYに実害を与えるものではないから、これら文書を取得する行為そのものは直ちに窃盗罪として処罰される程度に悪質なものとは解されず、X_1らの上記各行為は、就業規則七五条二項四号には該当しないというべきである」。

(2)　新聞記者Aに対する情報漏洩に関しては、「Aの取得した本件資料が元々はX_1らの作成、収集した資料に由来するものであることは確かであるものの、同資料と同内容の複写を所持しうる者が他にもあった以上、本件資料がX_1らの意思に基づいてAに渡ったものとまでは推認することはでき（ず）、本件資料をAが所持していたことに関しては、X_1らに就業規則七五条二項八号、一一号又は一三号に該当する事実は、これを認めることができないというべきである」（括弧内筆者）。
また、X_1が弟である国会議員秘書に本件資料を交付したことについては、「直ちにYの名誉、信用の失墜や取引関係への悪影響に繋がるものとは解されず、……同項一一号に該当する行為があったとはいえない」。

(3)　本件懲戒解雇の相当性については、「X_1らはもっぱらY内部の不正疑惑を解明する目的で行動していたもので、実際に疑惑解明につながったケースもあり、内部の不正を糺すという観点からはむしろYの利益に合致するところもあったというべきところ、上記の懲戒解雇事由への該当が問題となるX_1らの各行為もその一環としてなされたものと認められるから、このことによって直ちにX_1らの行為が懲戒解雇事由に該当しなくなるとまでいえるかどうかはともかく、各行為の違法性が大きく減殺されることは明らかである」。したがって、「X_1らを懲戒解雇することは相当性を欠くもので権利の濫用に当たるといわざるをえず、やはり、本件懲戒解雇はいずれも無効である」。

4　検　討

(1)　問題の設定

銀行、クレジットカード会社、保険会社その他、多数の顧客信用情報を管理する企業は、顧客との間で高度の秘密保持義務を負っている。この企業の秘密保持義務は、当該企業と顧客との取引の性質上当然に導かれる義務であり、顧客のプライバシー情報を厳格に保持してこそ事業が成り立っているということができる。このことは同時に、当該企業の労働者にも高度の秘密保持義務が課せられることを意味している。すなわち、顧客の個人情報に接する労働者は、使用者との労働契約における付随義務として、企業秘密を外部へ漏らしてはならないという秘密保持義務を負う。[*3]企業のノウハウや技術を競合企業に漏洩し、見返りに多額の金銭を受け取るという営利目的の秘密漏洩に対しては、強い違法性が認められることから、窃盗罪の成立、[*4]秘密保持義務違反として債務不履行、場合によっては不法行為による損害賠償請求がなされる。

ここで問題となるのは、営利が目的ではなく、企業内部の不正を糺《ただ》すという正当な目的がある場合、これと最高度に守られるべき顧客の信用情報の保護のどちらに重きをおくべきか、ということである。内部での資料収集行為は内部告発を行うためには必要不可欠な行為であるが、それがただちに違法であるとされれば、内部告発そのものが不可能になってしまう。しかしながら、行為自体は窃盗罪の構成要件に該当し、また会社の就業規則に違反する行為であることが明らかである。このように、内部告発が本質的に抱える矛盾を理論上いかにして乗り越えるかが本件のような事例では深刻に問われることになる。

本件では、Xらの行為の正当性について、前章で検討されていた[*5]①告発内容の真実性、②告発目的の公益性、③告発の手段および態様の社会的相当性という正当性の判断枠組みが正面から用いられていない。

判決を分析すると、②の点は従来からの判断枠組みに沿った判断である。一方、①の点は、本件の顧客信用情報においては、その真実性は問題ではなく、むしろそ

＊3　古川鉱業足尾製作所事件・東京高判昭五五・二・一八労民三一巻一号四九頁において、「労働者は労働契約にもとづく付随義務として、信義則上、使用者の利益をことさらに害するような行為を避けるべき責務を負うが、その一つとして使用者の業務上の秘密を洩らさないとの義務を負うものと解せられる。」と判示している。

＊4　これについては、刑法改正論議の中で「企業秘密漏示罪」の新設が予定されたが（改正草案三一八条）、各方面からの反対が強く実現には至っていない（板倉宏「企業秘密をめぐる犯罪」石原一彦ほか編『現代刑罰法大系2』（日本評論社、一九八三）二七九頁所

の機密性に焦点が当てられるべきものであり、③の点は、顧客信用情報の性質上、いったん外部に流出すれば回収不可能となる危険性が大きく、本件では実際に、右翼活動家からの利益供与の要求がなされていることから内部告発の結果の重大性についても検討する必要があろう。

以下この三点について検討していく。*6

(2) 内部告発のための情報収集行為の正当性判断

① 情報の機密性　本件で内部告発の対象となった情報には、信用金庫における会員の出資額、顧客ランク、融資額、融資条件、返済方法、延滞状況、担保明細および手形の支払義務者の不渡り等の信用情報が含まれていた。これらの情報に対して、裁判所は、顧客にとっては「高度のプライバシーに属する事項」であり、金融機関にとっては「最高機密に属する事項である」ことを認めている。

この点につき、原審では、X_1らの取得した資料は「Yの所有物であるから、これを業務外の目的に使用するために、Yの許可なく業務外で取得する行為は、Y就業規則七五条二項四号の窃盗に該当する」と端的に判断しているのに対し、本判決では、「形式的には、窃盗に当たる」としつつも、「X_1らが取得した文書等は、その財産的価値はさしたるものではなく、その記載内容を外部に漏らさない限りはYに実害を与えるものではない」としてY就業規則において懲戒解雇事由として想定され

収)。したがって、情報の媒体についての窃盗・横領罪等で処理されている。現在では刑法の規定としてではなく、不正競争防止法において営業秘密の漏洩を処罰する規定を設ける方向で議論が集約しつつある。なお、不正競争防止法では、「営業秘密」の不正取得・使用・開示を処罰の対象とするが（同法二条六号、二一条一項四号から九号参照）、あくまで「不正な競争の目的」によるものに限定され、正当な目的を有する内部告発については、その違法性が阻却されると解される。

＊5　本書第7章参照。

＊6　本件の判例評釈として、島田陽一「労働者の内部告発とその法的論点」労働判例八四〇号

た「窃盗」には該当しないとしている。

これについて、刑法における窃盗罪では、その客体は「財物」であることが要件とされており、情報そのものは窃盗罪の客体としての「財物」には含まれないとされている。[*7] もっとも「価値の高い情報を化体した紙・ファイル・フィルム」に財物性を認め、それらの窃取については処罰されるとの見解もある。[*8] この見解に従えば、原審のように、機密情報が印刷された「紙」の窃盗として処理できる事案といえないこともない。しかしながら、本判決では、情報の漏洩行為自体を問題とすべきであるとの観点から、情報が印刷された「紙」の窃盗よりも、「情報の漏洩」という行為を正面から論じる姿勢を示している点は、今後の同種の紛争において大きな意味を有する判断といえよう。

加えて、本件でその漏洩が問題となった顧客信用情報は、Yとの不正行為にかかわった顧客らのものであり、一般顧客の信用情報までもが流出したわけではないため、その意味では、保護の必要性を強調しなければならないものではなかったという事情も、「情報の漏洩行為」自体の評価において、その違法性を阻却させる要素となったものと考える。

とはいえ、Yのような金融機関では、顧客の信用情報が外部に流出するようなことがあれば、顧客の信頼を失うことになり、事業の継続は難しくなるということも事実であり、したがって、これらの情報の取得行為の違法性が阻却されるために

（二〇〇三）五頁、土田道夫「顧客信用情報の不正取得および第三者に対する開示を理由とする懲戒解雇の効力」判例評論五三八（判例時報一八三四）号（二〇〇三）一九九頁、長谷川聡「機密情報を利用した内部告発の適法性」労働法律旬報一五五〇号（二〇〇三）三一頁などがある。

*7　前田雅英『刑法各論講義〔第三版〕』（東京大学出版会、一九九九）一四四頁。

*8　前田・前掲*7一四五頁および前掲*2判時参照。

は、取得の目的・手段の相当性が要求されることになる。

② 情報収集の目的・手段態様の相当性　本件における資料収集行為の目的は、信用金庫職員と顧客の間の不正な関係を糺すことであった。特定顧客への不正融資は、回収不能を生じさせる危険性が高く、その事実が公になれば、一般顧客の信頼低下といった信用金庫の経営を脅かしかねない行為であると同時に社会的に見ても金融システムの安定を損なう行為であるといえる。したがって、本件内部告発の目的は、単に一企業内部の不正を糺すというだけでなく、企業のコンプライアンス（法令遵守）を促進するという社会的要請にも合致するものであり、「公益性」が認められるといえよう。[*9]

　しかしながら、原審が指摘するように、企業内部の不正を糺すという「正当な目的によって、これを実現するための手段までが当然に正当となることはない」のであり、目的のみならず手段の相当性をも要求されることになる。では、本件の告発の手段態様の相当性はどうであろうか。

　本件信用金庫のような顧客の信用情報を保持する義務を負う企業において内部の不正を追及するために、ただちに証拠資料をマスコミ等の外部に持ち出すことは企業の信用をいたずらに傷つけることになる。[*10] したがって、まず先に企業内部において是正努力がなされるような手段をとる必要があろう。[*11] 他の裁判例においても「当該企業が違法行為等社会的に不相当な行為を秘かに行い、その従業員が内部で努力

＊9　ヤミカルテルの事実を内部告発した労働者に対する人事上の不利益取扱いが問題となったトナミ運輸事件・富山地判平一七・二・二三労判八九一号一二頁においても、「ヤミカルテルは公正かつ自由な競争を阻害しひいては顧客らの利益を損なうもの」であるとして、これらの是正を目的とする内部告発には公益性があると判断されている。

＊10　たとえば、群英学園事件・東京高判平一四・四・一七労判八三一号六五頁。

＊11　盛誠吾「労働者が雇用された会社にヤミカルテルがある旨を新聞社に告発したことが正当であるとされ、右内部告発を理由とする雇用上の不

するも右状態が改善されない場合に、右従業員がやむなく監督官庁やマスコミ等に対し内部告発を行い、右状態の是正を行おうとする場合等」には懲戒処分が免責されるとの判断が示されている。[*12]

　これについて、X_1らは、組合活動を通じてYに対し不正行為の是正を求め、三役交渉を重ねてきたが、X_1らが納得できる対応がYからなされなかったために、自らの主張を根拠づける証拠を提示すべく本件資料の収集を行ったという経緯がある。また、不正疑惑の調査を求める文書にYにおける人事異動の批判をも含まれていたことから考えると、数年来にわたって組合と使用者とは、不正を追及する側・される側として敵対的な関係にあり、労使関係が円滑ではなかったことがうかがわれる。そのような労使関係の下ではX_1らによる内部での是正努力も功を奏しなかったとも考えられる。

　そうすると、本件内部告発を労働者個人によるものとしてではなく、組合活動の延長線上において行われたものと見て、「組合活動の正当性」の問題として位置づけることもできよう。[*13]

　③　情報流出による結果の重大性　　本件信用情報の外部への流出の結果について、高裁判決では「直ちにYの名誉、信用の失墜や取引関係への悪影響に繫がるものとは解され」ないと判断している。一方、原審では本件資料の外部への流出、とくに右翼活動家Aへの流出とAによる再三にわたる不正な利益供与の要求が行われ

利益取扱いが不法行為、債務不履行に当たるとされた事例・トナミ運輸事件」判例評論五六九（判例時報一九二八）号（二〇〇六）一八二頁、および、土田・前掲＊6においても掲載されている。

＊12　首都高速道路公団事件・東京地判平九・五・二二労判七一八号一七頁。

＊13　本書第**6**章参照。

たことは、「金融機関であるYにとって、顧客一般からの信頼の喪失につながる重大な事態であるといえる」と認定されており、原審・本判決ともにAへの情報の流出はX_1らによるものとは断定できないという点は共通するものの、結果の重大性について正反対の判断となっている。

本件における情報の流出先を検討すると、宮崎県警へ情報を持ち込む行為は、司直の手によって不正があらためられることを期待しての行動といえ、正当な手段であると評価できる。しかしながら、国会議員秘書に対する情報の交付には、ただちに社会的相当性が認められるとは思われない。さらに、右翼活動家Aに情報が流出する状況が客観的に存在したという場合には、不正にかかわった顧客のものとはいえ、信用情報を含む以上、内部告発のために収集した資料を他に漏れることのないよう厳格に保管することは、信用情報を取り扱う企業の労働者として負うべき秘密保持義務の範囲内といえる。取得した情報の保管を厳格に行っていればAへ流出することもなかったと考えれば、本件内部告発の目的・手段の相当性はおおむね認められるものの、取得した機密情報の保管責任については問われる余地があるであろう。

(3) 公益通報者保護法との関係

以上から、企業秘密を許可なく取得し内部告発する行為は、形式上、刑法における窃盗罪および会社就業規則上の懲戒処分事由に該当するものの、当該行為の目的・手段に正当性ないし相当性が認められる場合には、その違法性が阻却されるという論理によって内部告発という行為が本質的に抱える矛盾を乗り越えることができる。

内部告発を行った労働者を使用者が懲戒解雇することについては、公益通報者保護法が制定され、公益通報を行ったことを理由とした解雇の無効が定められたことで（三条）、公益通報が就業規則における懲戒解雇事由に該当する場合であっても、当該解雇は無効という取扱いになることとなった。すなわち、「公益」通報の名の下に企業に対する忠実義務（秘密保持義務）が免責されることが明確に規定されたものと見ることができる。

しかしながら、同法は企業から労働者に対して刑事告訴や損害賠償請求することまでも禁止するものではないので、顧客信用情報の取得あるいは外部への漏洩等によって①第三者の個人情報を漏らすなど、他人の正当な利益を害した場合、②通報に際して、窃盗罪など他の犯罪行為を犯した場合、③不正の目的で通報を行った場合については、これらによる損害に対して通報者には民事上・刑事上の免責はないものとされている。[*14]

また、同法では、通報先の第一順位は、労務提供先等であり、それに次いで行政機関、外部への通報の順になっている（二条一項）。このことからも明らかなよう

＊14　内閣府国民生活局企画課編『公益通報者保護法逐条解説』（二〇〇五）七五頁。

に、同法は、企業の不正を暴きただちに社会的責任を負わせようというスタンスではなく、まずは、企業内部の自浄作用に期待し、それでも是正されなければ、外部へ不正を明らかにし、社会的責任を負わせるというものである。企業内部の自浄作用が適切に働いてこそ、内部告発の対象となる不正が生じにくい企業体質を作ることができるのであり、同法の「社会経済の健全な発展に資すること」という目的にも合致するものである。

同法が制定され、「公益通報」としての内部告発が法による保護を受けることとなった現在においても、本件で問題とされた企業および労働者の秘密保持義務と内部告発との対立の問題は残されている。本件裁判所は、地裁・高裁を通じて、企業の信用情報の取得および外部へ流出させたことが懲戒解雇事由に該当するか否かの判断に終始しているが、公益通報を行ったことを理由とする解雇を無効とする規定が設けられたことで、紛争の現れ方もこれまでのような懲戒解雇の正当性の問題としてではなく、内部告発の問題を正面からとらえる必要が出てくるであろう。

第9章　内部告発を行った労働者に対する不利益措置の適法性
——トナミ運輸事件

春田吉備彦

1　はじめに

本章は、トナミ運輸事件[*1]を取り上げる。同事件は、Y（社）の従業員Xが、Yが他の同業者との間でヤミカルテルを締結しているなどと内部告発したところ、Yがこれを理由にXを昇格させなかったり、個室に隔離し雑務のみに従事させるなどして、不利益取扱いを行ったとして、XからYに対し、雇用契約上の平等取扱義務、人格尊重義務、配慮義務等に違反する債務不履行もしくは不法行為を根拠に、慰謝料一〇〇〇万円、賃金相当額の損害賠償三九七〇万円および弁護士費用四三〇万円の計五四〇〇万円の支払ならびにXに対する謝罪文の手交を求めたものである。[*2]

本章では、同事件の事実の概要と裁判所の対応を確認し、同事件を労働者個人が主体となる内部告発事案であることを前提に検討を行っていく。その際に、①Xが営業所所長やYの副社長に対して内部是正努力を図ったもののその努力がかなえら

＊1　富山地判平一七・二・二三労判八九一号一二頁。同事件の判例評釈として、たとえば、盛誠吾「労働者が雇用された会社にヤミカルテルがある旨を新聞社に告発したことが正当であるとされ、右内部告発を理由とする雇用上の不利益取扱いが不法行為、債務不履行に当たるとされた事例——トナミ運輸事件」判例評論五六九（判例時報一九二八）号一八二頁、長谷川聡「内部告発と人事上の不利益取扱い」労働判例八九六号（二〇〇五）五頁。

＊2　二〇〇六年二月、本件控訴審は、名古屋高裁金沢支部で和解が成立している。

れなかったため、新聞社等の外部への告発に及んでいること、②Ｘは解雇に処されることなく、二八年もの間、人事上の不利益処遇が継続しているという特徴に着目して考察する。

2　トナミ運輸事件の事実の概要

Ｙは貨物自動車運送事業等を営む株式会社である。Ｘは、大学卒業後の一九七一年四月、Ｙに入社し、現在もＹに在籍している。一九七三年、Ｘは岐阜営業所に異動後、トラック協会岐阜支部の会合へ出席するようになり、運送業界でヤミカルテルが取り決められていく様子を知った。同年六月ごろ、Ｘは同営業所のＡ所長に中継料の二重取りは問題であり是正するように主張し、同年一二月、岐阜営業所を訪れたＢ副社長に、主としてＹが中継料を収受している問題について廃止を訴えたが、Ｂ副社長はこれを再検討するという態度を示さなかった。

一九七四年七月末ごろ、Ｘは読売新聞名古屋支局にヤミカルテルを告発し、同年八月一日、読売新聞にヤミカルテルの記事が掲載された。同年八月、Ｘは公正取引委員会（公取委）中部事務所にヤミカルテルを告発し、同月二一日、Ｙの労働組合と同じ運輸労連に所属するＵ労働組合岐阜支部の幹部と会い、労働組合としてもヤミカルテル破棄に向け努力すべきだと主張した。同月末、Ｘは神奈川支店日の出営業所への異動を命じられた。Xは、同年九月以後も運輸省や日本消費者連盟（日消連）を訪れてヤミカルテルの実態を訴えた。

同年一〇月一六日、公取委は東海道路線連盟やこれに加入するY等大手運送会社に対し一斉立入り検査を行った。一九七五年一月、Xは日の出営業所から東京本部営業課へ異動したが、その数日後、C取締役業務部長等はXに強い口調で「辞表を出せ」というなどして退職を迫った。XはA衆議院議員にヤミカルテル問題の追及を依頼し、同議員は同年三月二七日の衆議院物価問題等特別委員会でこの問題を追及した。同月二〇日、東海道路線連盟はヤミカルテルの破棄広告を新聞に掲載した。同年六月ごろ、Xは日消連にYを含む運送業者がなお違法運賃を収受していると訴えたため、日消連はその実態調査を行い、Xもこれに協力した。同年八月一三日、日消連はその結果を公表し、運輸省に上記調査結果に基づき厳重取締りを申し入れた。同月一四日、その内容が新聞に掲載され、同年九月一日、日消連はYを含む大手運送会社三社を東京地方検察庁に告発した。運輸省はYを含む一〇社に対し厳重警告処分に付したが、一九七七年一一月ごろ、東京検察庁は上記告発にかかわる事件につき不起訴処分とした。

一方、Xは、一九七五年九月一日、富山中央支店営業部営業課に異動後、同月中に旧教育研修所に異動となった。Xはここでは他の職員が勤務していた一階事務室ではなく、二階個室において一人で勤務した。Xにはトレーラーコースの整備等の雑務しか与えられず、以後現在に至るまで一度も昇格することがなかった。一九九二年六月、Xの勤務先は新教育研修所に移った。そこでは、Xは事務室で数名の職員と一緒に仕事をするようになったが、仕事内容は年二回の繁忙期の応援業務が加わったこと以外には旧教育研修所勤務時と大きく変わることはなく、昇格もなかった。

二〇〇二年、Xは本件訴訟を提起した。

3　裁判所の対応

⑴　内部告発の正当性

①「本件ヤミカルテルの存在は疑う余地がなく、その違法性も相当程度客観的に裏付けられている」から、「Xが日消連に告発した内容が大筋において真実に合致していることは明らかである」。

②「Yが、現実に、(i)他の同業者と共同して本件ヤミカルテルを結んでいたこと及び(ii)容積品の最低換算重量を正規の重量を超える重量に設定し、輸送距離の計算を最低距離で行わず遠回りの路線で行うなどして認可運賃を超える運賃を収受していたことが認められ」、「Xがこれらを違法又は不当と考えたことについても合理的な理由がある」から、「内部告発に係る事実関係は真実であったか、少なくとも

真実であると信ずるに足りる合理的な理由があった」。

③　「上記(i)の本件ヤミカルテルは公正かつ自由な競争を阻害しひいては顧客らの利益を損なうものであり、上記(ii)はより直接的に顧客らの利益を害するものである」から、「告発内容に公益性があることは明らか」であり、「Xはこれらの是正を目的として内部告発をしていると認められ、……およそYを加害するとか、告発によって私的な利益を得る目的があったと認められない」。

④　Xの最初の告発先は「全国紙の新聞である。報道機関は本件ヤミカルテルの是正を図るために必要なものといいうるものの、告発に係る違法な行為の内容が不特定多数に広がることが容易に予測され、少なくとも、短期的にはYに打撃を与える可能性がある」。

「労働契約において要請される信頼関係維持の観点から、ある程度Yの被る不利益にも考慮することが必要である」。「Xが行ったY内部での是正努力についてみると、……Xが行った上記……の行為そのものでは、本件ヤミカルテルを是正するための内部努力としてはやや不十分であったといわざるを得ない」が、「他方、本件ヤミカルテル及び違法運賃収受は、……Yを含む運送業界全体で行われたものである。……このような状況からすると、管理職でもなく発言力も乏しかったXが、……Y内部で努力したとしても、Yが……何らかの措置を講じた可能性は極めて低かった」。

⑤　内部告発に係る事実が真実であるか、真実であると信ずるに足りる合理的な理由があること、告発内容に公益性が認められ、その動機も公益を実現する目的であること、告発方法が不当とまではいえないことを総合考慮すると、Xの内部告発行為は正当であって法的保護に値する。

(2)　旧教育研修所における不利益取扱いの有無

「YがXを旧教育研修所に異動させたうえ、二階の個室に配席し、極めて補助的な雑務をさせていたこと、Xには昇格がなかったことは、いずれも、Xが内部告発を行ったことを理由として、これに対する報復として、Xを不利益に取り扱ったものと認められ」、「YのXに対する退職強要行為も、Xが内部告発を行ったことを理由として行われたものと認められる」。

(3)　新教育研修所における不利益取扱いの有無

新教育研修所に移った後の処遇も、基本的にそれまでと同様にXの内部告発を嫌悪しこれを理由としてなされたものであると認められるが、Xの側にも、Yの人事権行使に際してXに不利益に評価されてもやむをえない事情もある。新教育研修所に移ってからのXに不利益な処遇は、基本的には内部告発を理由とするものではあるが、Xに対する正当な評価に基づく部分も含まれており、これらは因果関係ないし損害額の算定においても考慮される。

(4) 責任原因

① 不法行為責任について　人事権行使は使用者の裁量的判断にゆだねられるが、このような裁量権もその合理的な目的の範囲内で、法令や公序良俗に反しない程度で行使されるべきであり、これらの範囲を逸脱する場合は違法である。従業員は雇用契約の締結・維持において、人事権の行使について使用者に自由裁量があることを承認したものではなく、これらの人事権が公正に行使されることを期待しているものと認められ、このような従業員の期待的利益は法的保護に値する。

Xの内部告発は正当であって法的保護に値するものであるから、人事権の行使において内部告発を理由に不利益に取り扱うことは、配置、異動、担当職務の決定および人事考課、昇格等の本来の趣旨目的から外れるものであって、公序良俗に反する。従業員は、正当な内部告発をしたことによっては、人事権の行使について他の従業員と差別的処遇を受けることがないという期待的利益を有するから、Yの行為は、人事権の裁量の範囲を逸脱する違法なものであって、これにより侵害したXの上記期待的利益について、不法行為に基づき損害賠償すべき義務がある。

② 債務不履行責任について　「従業員は、雇用契約の締結・維持において、……人事権が公正に行使されることを期待し、使用者もそのことを当然の前提とし

て雇用契約を締結・維持してきたものと解される。……使用者は、信義則上、このような雇用契約の付随義務として、……合理的な裁量の範囲内で配置、異動、担当職務の決定及び人事考課、昇格等についての人事権を行使すべき義務を負っており」、「裁量を逸脱した場合はこのような義務に違反したものとして債務不履行責任を負う」。

　YがXの内部告発を理由にXに差別的な処遇をすることは、その裁量を逸脱するものであって、正当な内部告発によっては人事権の行使において不利益に取り扱わないという信義則上の義務に違反するから、YはXに対し債務不履行に基づく損害賠償責任を負う。

(5)　消滅時効の成否

①　Yの行為は、継続的な同一意思に基づくものであるが、これによる損害は「各賃金支払期又は日々発生しているのであって、当然に不可分一体の一個の行為であるとはいえず、……個々の不法行為又は債務不履行が継続的に行われたものにすぎない」。

②　そうすると、本件訴えを提起した二〇〇二年一月二九日の三年前の日である一九九九年一月二九日より前になされた不法行為に基づく損害賠償請求権と、二〇〇二年一月二九日の一〇年前の日である一九九二年一月二九日より前になされた債

務不履行に基づく損害賠償請求権は、いずれも時効により消滅した。

4　トナミ運輸事件のもつ現代的意義と法律構成の特徴

(1)　トナミ運輸事件のもつ現代的意義

第**6**章、第**7**章、第**8**章においては、労働組合活動としての内部告発にかかわる裁判例、労働者個人が主体となる内部告発事案における正当性の判断枠組みが問題となった裁判例、同様に労働者個人が主体となる内部告発事案における顧客信用情報の取得の正当性が問題となった裁判例を取り上げてきた。本章では、労働者個人が主体で、「労働者に対する不利益措置の適法性」が問題となった裁判例を取り上げる。

トナミ運輸事件は、すでに第**1**章で紹介がなされた。今一度、同事件を取り上げるのは以下の理由からである。

第一に、同事件はマスコミ等で大きく報道されたこともあり、「内部告発」や「ホイッスルブロアー（内部告発者）」という新たな概念を社会的にも定着させた象徴的事件であり、同事件を一つの契機として、公益通報者保護法が制定され、二〇〇六年四月、同法は施行された。したがって、同事件が公益通報者保護法との関係でどのように理解されるのかを確認することは必要であろう。

第二に、同事件は、ヤミカルテルを告発したXが、二八年もの長い間、人事上の不利益取扱いに耐えながら、二人の子供の大学卒業を待って、会社人生が五年を切った時点で提訴に至ったという劇的な事実をはらむものであったし、[*3]企業に寄り添い融解するだけではなく、個として自立した労働者が登場している現実をあらためて実感させる出来事でもあった。その一方で、労使関係が究極的な対立関係に陥った状況の中で、Xは孤立無援の状況からかろうじて訴訟にたどりついたということは看過されてはならないだろうし、多大な犠牲をともなった内部告発者に対する労働契約上の不利益措置に対する救済方法の道筋を再確認することは、法制定後も意味があろう。

＊3　山田博「ホイッスル訴訟の争点——トナミ運輸・串岡事件について」労働法律旬報一五二六号（二〇〇二）二六頁。

(2)　トナミ運輸事件の法律構成上の特徴

本書でたびたび指摘されているように、かつて内部告発をめぐる紛争は労働組合が関与する紛争事例が主流であった。今日、この内部告発類型とは別に労働者が主体となった内部告発類型が目立ってきており、この類型に対する「内部告発の正当性」は、別途、検討されなければならない。[*4]

トナミ運輸事件も、このような類型に位置づけられるが、さらに、同事件には、次のような二つの特徴がある。第一に、新聞社等への外部への告発がXに対する人事上の不利益取扱いの直接的契機となっている点、第二に、内部告発者への懲戒解

＊4　本書第7章参照。

雇（や解雇）ではなく、Xに対する人事上の不利益取扱いが問題となっている点である。

① 内部告発の正当性　同事件における内部告発の正当性評価も、懲戒解雇にかかわる不利益措置をめぐる裁判例によって、積み重ねられてきた判断基準に即した判断[*5]がなされている。その手法は、(i)告発内容の真実性、(ii)告発事実の真実性または真実と信じたことについての相当性の有無、(iii)告発の対象や態様などを総合評価するというものである。

第一の特徴は、YとXの両者間の労使関係上の力関係にかんがみて、内部努力への期待は困難なケースであったことから、新聞社等の外部への告発の正当性を認めているという点にある。(i)の基準については、「Xが日消連に告発した内容が大筋において真実に合致していることは明らか」としている。(ii)の基準については、Yが本件ヤミカルテルを結んでいたことと認可運賃を超える運賃を収受していたことを認定し、「Xがこれらを違法又は不当と考えたことについても合理的な理由がある」から、「内部告発に係る事実関係は真実であったか、少なくとも真実であると信ずるに足りる合理的な理由があった」としている。

特徴がもっとも現れているのは、(iii)の基準についての判断である。XがYによって不利益取扱いを受けることになった直接的なきっかけは、新聞社等へのヤミカルテルの「外部機関への通報」である。判決は、「Xの最初の告発先は全国紙の新聞

＊5　たとえば、延岡学園事件・宮崎地延岡支判平一〇・六・一七労判七五二号六〇頁、三和銀行事件・大阪地判平一二・四・一七労判七九〇号四四頁など。

であり、……ある程度Yの被る不利益にも考慮が必要である」とした。そして、Xの内部改善行為では、「やや不十分であったが、本件ヤミカルテル及び違法運賃収受は、……Yを含む運送業界全体で行われたものであり、……管理職でもなく発言力も乏しかったXが、……Y内部で努力したとしても、Yが……何らかの措置を講じた可能性は極めて低かった」と判断し、告発方法が不当とまではいえないとの評価を加えている。以上のような事情を総合考慮した結果、Xの内部告発行為は正当で法的保護に値すると結論づけた。

公益通報者保護法二条は、通報先を(i)労務提供先、(ii)行政機関、(iii)第三者に区分し、後者にいくほど、より厳格に通報の正当性の要件を定めている。(iii)の第三者への通報の場合、不正な目的でないこと、真実・真実相当性を有していることに加え、(a)解雇その他不利益な取扱いを受けると信じるに足りる相当な理由の存在、(b)証拠隠滅のおそれ、(c)会社による公益通報をしないことの要求、(d)調査懈怠、(e)生命・身体への危害発生のいずれかの要件（三条三号イ〜ホ）に該当する必要があるとされている。

本件は、公益通報者保護法が施行される以前の事件であるが、私的独占の禁止及び公正取引の確保に関する法律（独占禁止法）違反のヤミカルテルに対する外部通報に関する事件であり、また「労働契約において要請される信頼関係維持の観点から」企業内で是正する努力の可能性という、外部通報に必要とされている要件類似の判断を行っている。

それでは、このような要件を充足しないような外部告発事案に、判例はどのように対応してきているのか。生駒市衛生社事件[*6]は、奈良県生駒市の家庭用ごみを収集する生駒市衛生社の従業員三名が記者会見等を行って同社のごみ不正混入行為を告発し、それが新聞報道されたため、同社の信用が毀損されたとして、同社が従業員を懲戒解雇したものである。同事件の事実関係を見ると、労務提供先に何らの改善要求を行わず、突然マスコミに通報していることがうかがえるが、判決は懲戒解雇を無効としている。もし仮に、同事件の事実関係を公益通報者保護法の通報手続の要件にあてはめていくならば、形式的には同法の要請する公益通報としての保護が及ばないと読みとることもできるであろう。その意味では、公益通報者保護法制定は公益通報を行おうとする者を萎縮させる可能性を秘めているという意見がある。[*7]しかし学説上は、同法の通報対象事実に照らしこれに該当しないような外部通報が問題となった裁判例であっても、これまで外部通報を理由とする解雇・懲戒処分が無効とされた例が少なくないことからすれば、同法の制定は、これまでの裁判例が認めてきた外部通報の正当性を狭めるものではないとの見解があり、[*8]傾聴に値する。同法の保護法益の外側には、判例法理が正当化する外部告発事案が存在することは、今一度確認しておく必要があろう。

② 人事上の不利益措置について　第二の特徴は、Xに対する継続的な人事上

＊6　奈良地判平一六・一・二一労判八七二号五九頁。

＊7　國武英生「公益通報者保護法の法的問題」労働法律旬報一五九九号（二〇〇五）一〇頁。

＊8　島田陽一「内部通報制度（ヘルプライン）の設置と参考裁判例」内閣府国民生活局企画課編『公益通報関係裁判例集――公益通報関係裁判例集作成検討会報告書』（商事法務、二〇〇六）五頁。

の不利益措置が争点となった点である。その背景には、もし正当な内部告発を行ったXをYがその告発を理由に（懲戒）解雇したならば、解雇権濫用法理（労働契約法一六条）の吟味を通じた解雇無効評価がなされることをYが予測したからであろうと推測される。

本件は内部告発を理由とする事業主による労働者への継続的な人事上の不利益措置の類型であり、このような類型に即した私法的救済方法（損害賠償あるいは慰謝料）を法律的に構成することが不可欠となる。

裁判所は、不法行為責任については、従業員は使用者の人事権が公正に行使されることを期待しているとして、Xの期待権を被侵害利益として損害賠償を認容した。次に、債務不履行責任については、使用者は、信義則上、雇用契約の付随義務として、合理的な裁量の範囲内で配置、異動、担当職務の決定および人事考課、昇給等についての人事権を行使すべき義務を負っているというべきで、その裁量を逸脱した場合はこのような義務に違反したものとして債務不履行責任を負うと構成している。[*9]

その一方で、Xの救済にとって最も重要な、損害の発生およびその額ならびに因果関係にかかわる判断部分においては、「時効の壁」が立ちはだかっている。この点は紙面の都合もあり裁判所の対応部分では省略したが、以下の点を確認しておきたい。

＊9　野川忍「内部告発をした労働者に対する不利益措置の適法性」NBL八〇七号（二〇〇五）一五頁。

まず、債権等の消滅時効である一〇年（民法一六七条）と不法行為による損害賠償請求権の期間の制限である三年（民法七二四条）を比較して、裁判所はXの救済に対して時効上有利な債務不履行に基づく損害賠償請求により、判断を行った。続いて、精神的損害については、一九九二年一月二九日以後の差別的処遇は、Xが旧教育研修所への異動を命じられた一九七五年一〇月からの長期間にわたってなされた処遇と基本的に同質のものであるから、一九九二年一月二九日以後の差別的処遇に基づく精神的損害の評価に際して、この事情を考慮する一方で、同年六月に新研修所に移った際のXの態度（たとえば、Xが主として休日が日曜日でなくなるとの理由で異動を拒んだり、Yが提案した異動先を一蹴し、希望する異動先を聞かれても現実的でない希望を述べていること）にも減額要素が存在するとし、精神的損害に対する慰謝料額は二〇〇万円とした。

次に、財産的損害については、一九九二年六月まではXに人事上の不利益措置は存しなかったが、同年六月以後については、Xにも人事効果上不利益に評価されてやむえない事由があったとして、同時点以後の査定については、違法な差別的評価に基づく部分と正当な人事評価に基づく部分が混在しているとして最も昇進の遅い従業員の賃金額を一応の標準として、違法な差別的評価によって生じた賃金格差はこの者との賃金格差の七割を下回るものではないとしている。その結果、一三五六万円七一八二円に遅延損害金を加えた額の支払をYに命じた。

③　まとめ　Xが不利益処遇を受けるようになった、最初のきっかけは、一九七三年のY内部でのXの内部是正努力にあった。その後、Xは解雇を免れてはいるものの、二八年もの長い間、職業キャリアを傷つけられてきた。

公益通報者保護法三条は、正当な内部告発を行った公益通報者に対する解雇無効を、さらには、同法五条は不利益取扱いの禁止を、それぞれ規定するものの、その救済は私法的救済にとどまっている。これに対して、アメリカ法上のサーベンス・オックスリー法は、(i)公益通報者に対する差別的取扱い(報復行為)への私法的救済に加えて、(ii)公益通報者に対する企業等の報復的行為に対する刑事罰を科している[*10]。本件のように長期にわたる人事上の不利益措置が継続する場合に、内部告発者に対する私法的救済のみにとどめることが適切であるかは、引き続き検証する必要がある[*11]。

＊10　本書第12章参照。
＊11　本件原告の串岡弘昭氏は、この点を含め同法の問題点を指摘しておられる（朝日新聞二〇〇六年三月二五日）。当事者の指摘であるだけに、その意味するものは大きい。

第Ⅳ部　内部告発に対する諸外国の法制

いかなる内容の内部告発者保護制度を設けるかは各国の文化に基礎をおく公益観によっており、基本的にはその国の立法裁量の問題である。しかし各国の制度比較を通じ、何を保護すべき内部告発とするか、またその法的保護がどうあるべきかについての視座を抽出することはできるだろう。

イギリスの公益開示法は、弁護士を中心として設立されたNPOが運動面でサポート機関として機能しているなど、広く市民の公共心に裏打ちされた制度である。民事上の契約違反や不当な行為を通報した場合であっても保護対象に含まれるのも、公共の利益にかかわる事柄であるからには広く衆目にふれさせようとする立法趣旨に基づく対応である。

アメリカのサーベンス・オックスリー法は、公正な取引を害する者に対する保護に重点がおかれる。連邦政府に対して不正な水増し請求を行う業者を、一般市民が連邦政府に代わって訴え、勝訴した場合には報奨金が受け取れる旨定めた不正請求禁止法も、公正な取引が害されたことにより発生した連邦政府の損害は国民の損害であるというアメリカ社会固有の公益観によるものである。

これら英米諸国に対し、ドイツには内部告発を保護する法制度は存在しない。それは労使関係における信頼関係を重視するドイツ法の特徴から来るものであり、内部告発の問題は例えば不当解雇の問題として処理されることになるのである。

このような諸外国の内部告発への対応から、わが国は何が学べるであろうか。

第10章　イギリスにおける内部告発者の保護

長谷川　聡

1　はじめに

本章では、外国の内部告発者保護制度の例として、イギリスの公益開示法(Public Interest Disclosure Act 1998)を取り上げる。[*1]

公益開示法は、イギリスにおいて内部告発者の保護について中心的な役割を果たしている法律であり、閉鎖的な企業風土を改善して企業の不正行為の是正を促進し、公共の利益を図ることを目的としている。

内部告発は公益の保護に役立ちうる一方、労働者の誠実義務違反や使用者に対するいわれのない損害も発生させうる、というその効果の二面性は、日本もイギリスも異ならない。この点を意識した仕組みを採用している公益開示法を検討することは、類似の仕組みをとる公益通報者保護法の機能と問題点を分析する際の視座を提供すると思われる。

そこで本章では、公益開示法が制定された背景を確認した上で、その仕組みと機

＊1　この法律に関する文献として、宮本一子『内部告発の時代――組織への忠誠か社会主義か』(花伝社、二〇〇二)九八頁、長谷川聡「公益開示法における『保護される開示』」労働法律旬報一五三九号(二〇〇二)四六頁、國武英生「イギリスの公益情報開示法」労働法律旬報一五四五号(二〇〇三)二〇頁。

能を分析し、公益通報者保護法との違いを指摘してみたい。

2　公益開示法制定の背景

公益開示法の制定以前、イギリスには内部告発を網羅的に保護する法律は存在せず、個別の法律に断片的に設けられた保護規定[*2]が存在するにすぎなかった。個別規定から漏れる場合には、判例法であるコモンローにおいて、告発が、主に守秘義務違反との関係で正当性を有するか否かを、その内容や方法などのさまざまな要素に基づいて判断するという仕組みが形成されていた。

この保護の仕組みの不十分さが意識されたのは、閉鎖的な企業風土が原因となって回避することができなかった数々の事故によってであった。

たとえば一九八七年に、ベルギーのゼーブルッヘ沖で英国のフェリーが出港後短時間のうちに転覆し、一九三名の死者が出た事故があった。風もうねりもほとんどない良好な天候状態であったにもかかわらず事故が発生した原因について調査してみると、船首のドアを開けたまま出港したため、ここから海水を船内にすくい込んだことが原因であることが判明した。このドアは換気のため開けられていたのだが、調査を進めると、事故発生以前に、乗組員たちが航海中にここから浸水する危険性があることを運行会社などの管理職に五回にわたり警告していたことが明らか

＊2　職場の安全衛生に関する問題点を使用者に訴えたことを理由とする不利益取扱いを禁止する雇用権法（Employment Rights Act 1996）四四条一項など。

になった。会社がこの警告を無視せずに適切な対応を講じていれば、容易に事故の発生を防ぐことができたのである。

このような事故はさらに続く。一九八八年に三五名の死者を出したクラファム連絡駅近くでの列車衝突事故、一六七名の死者を出した同年の北海油田爆発事故、子ども四名の死者を出した一九九三年の子ども活動センターでのカヌー事故、いずれも事故が発生する危険性を従業員が事故発生前に認識していた[*3]にもかかわらず、報復をおそれてこれを使用者に報告しなかったり、報告はしたものの使用者がこれに十分に対応しなかったりしたことが原因で防止することができなかった事故であった。

これらの事故により、従業員の正当な主張に「裏切り者」の烙印を押して封じ込めかねない風通しの悪い企業風土を改善する必要性と、企業の不正に最も近い従業員にチェック機能を担わせることが不正の防止と公益の保護に有効であることが認識されるようになった。

しかし、既存の断片的な保護規定と判例法による保護では、保護対象が限定される上、保護基準が明確ではなかったため、労働者が告発を行う際の指針になるような、網羅的かつ明確なルールの制定が求められたのである。

最終的にこの要求は公益開示法として結実することになるが、ここに至るまでに市民によるさまざまな運動が行われた。代表例としては、弁護士を中心として設立

＊3　列車衝突事故では信号機の電気系統に異常があったこと、北海油田爆発事故では油田設備がメンテナンス中で操業した場合にガス漏れのおそれがあったこと、子ども活動センターのカヌー事故ではカヌー運用の安全基準が不十分であったことを、労働者は認識していた。

された「職場における公的関心（Public Concern at Work）」という非営利団体（NPO）がある。この団体は、公益開示法の立法化を進める運動団体として出発したが、この目的を達成した今日でもイギリス消費者協会の支持を受けて、個人の寄付や企業の賛助資金によって運営され、告発を行おうとする個人への相談・援助や匿名による告発の受付け、企業内の情報開示に関する調査活動などを行っている。

3　公益開示法の仕組み

公益開示法は、保護に値する告発を行った告発者については、その告発を理由として昇格差別や賃金差別などの不利益を受けない権利を認め（四七B条一項）、不利益を受けた場合には審判所に救済命令や補償金の支払命令を申し立てることを認めている（四九条一項）。このような告発を行わない旨を労使間で合意することは無効とされる（四三J条一項）。

保護を受けることができるか否かを判断する際には、①だれが、②何について、③だれに対して、④どのような方法で告発を行ったかが判断要素とされる。これらを順に追うことで公益開示法の仕組みを明らかにしてみたい。

なお公益開示法は、イギリスにおける労働条件規制について中心的な役割を果たしている雇用権法の一部を改正する法律として成立した。この節で示す条文も雇用権法の条文である。

(1) 適用対象者

公益開示法の適用対象者は「労働者（worker）」である。二三〇条三項は、同法における「労働者」について、使用者と労働契約を締結してその指揮系統の下に労務を提供している者に加えて、一応独立はしているものの使用者に報酬や業務遂行方法などを事実上決定されているようなフリーランサーや個人事業主なども含む定義をおいている。だが、とくに公益開示との関係では、さらに労務提供先とは直接契約を結んでいない派遣労働者や、業務の遂行方法については注文者の指示を受けない請負労働者、職業訓練を受けている者なども「労働者」に含まれると規定され（四三K条一項）、一般の労働者保護よりも保護の範囲が拡大されている。公務員も、軍関係者や国家安全保障にかかわる者などの例外はあるものの、基本的に保護の対象となる（一九一条）。

(2) 告発の対象

「労働者」が告発できる対象について、四三B条は、開示すること自体が他の法律で犯罪とされているものを除き、①犯罪、②法律違反や契約違反などの法的義務の不履行、③裁判の誤審、④人の健康や安全に対する危険、⑤環境への侵害、そして⑥これらの事実の存在を示す情報が故意に隠されていることに関する情報の六つを列挙する。

これらは官民いずれにおいて発生したかを問わず、実際に発生していなくとも、発生する可能性の段階で事前に告発することが認められている。結果的にこれらに該当しなくても、告発者がいずれかに該当すると信じることが合理的であるといえる事情があれば保護の対象となるため、限定列挙ではあるが比較的幅広い告発が可能となっている。

(3) 告発先

公益開示法は、告発者がどこに告発しても保護される可能性を認めている。その意味で同法は、あらゆる機関や人物を告発先として予定しているが、興味深いのは、告発先に応じて告発者が保護を受けるための条件を変えていることである。条件の内容とこれがもつ機能は次項で示すとして、ここでは保護を受けるための条件を区別する告発先の分類を確認しておきたい。

公益開示法は、一定の場合を除いて[*4]、告発先をおおまかに三種類に分類している。

第一は、自身の使用者や、使用者が告発することを認めている告発先、告発しようとしている事柄について責任を負うと考えられる者を告発先とした場合である。

＊4　たとえば弁護士などの法律助言者を告発先とする場合は、告発の対象が四三B条の列挙に該当しさえすれば保護される（四三D条）。

これらはいわば企業や関係者内部での告発といえよう。

第二は、企業の外部ではあるが、大臣が指定した所定の機関に対して告発した場合である。これについては、公益開示（所定機関）命令（Public Interest Disclosure〔Prescribed Persons〕Order 1999）が健康安全局（Health and Safety Executive）や環境庁（environment agency）など約五〇の行政機関を列挙している。

第三は、企業の外部であり、指定された機関でもない、マスコミや他の企業などの組織や人物に告発を行った場合である。

(4)　告発の方法

この三つの類型に応じて保護の条件が別々に設けられ、告発の対象と告発先との関連が希薄になるほど保護を受けるための条件が厳しく設定されている。

使用者やその関係者などが告発先になる第一の場合には、告発者は誠実に告発を行ってさえいれば保護を受けることができる（四三C条）。

これに対し、所定の行政機関が告発先になる第二の場合には、①告発を誠実に行うことに加えて、②告発の対象が告発先機関の管掌事項と合致し、③告発の内容が真実であると告発者が信じることが合理的といえる場合であることが保護の条件となる（四三F条）。

マスコミなどが告発先になる第三の場合には、さらに条件が厳しくなる。

すなわち、①告発を誠実に行い、②告発の内容が真実であると告発者が信じることが合理的といえる場合であって、③告発が個人的な利益のために行われるのではなく、④あらゆる事情[*5]に照らして告発を行うことが合理的といえる場合であり、⑤告発の内容が非常に深刻である例外的な場合を除いて[*6]、(a)大臣の指定機関を告発先とすると、告発者が使用者から不利益を被るおそれがあること、(b)告発内容に合致する大臣の指定機関がない場合には、使用者に告発を行えば告発内容に関する証拠が隠されたり破壊されたりするおそれがあること、(c)告発者が以前に同様の告発を使用者や使用者が利用を認めた告発先へ行っていたこと、の(a)から(c)のいずれかの条件を満たさなければならないのである（四三G、H条）。

告発先に応じたこの段階的な保護要件からは、公益開示法が労働者に対して、内部で問題処理を行うインセンティブを与えていることを読みとることができる。内部告発は、公益に資する場合ばかりではなく、内容が虚偽であるなどして結果的に有害である場合もある。告発が見当違いの有害なものでしかないことが告発後に判明したとしても、情報を開示するという性質上、一度告発されてしまうと失われた信頼や流布された営業秘密などの原状回復は困難である。外部への告発が企業に致命的な結果をもたらす可能性をもつことは否定できない。

他方、企業の内部の人物・機関を告発先とすることには、これがまさに不正を行っている主体である以上、十分な対応がとられない可能性があり、告発者が不正の

＊5　告発先、不正の重大性、継続性、発生可能性、守秘義務違反の有無、使用者の定めた告発手続の履行の有無、内部で問題を指摘した場合の使用者等の対応など（四三G条三項）。

＊6　公益開示法制定のきっかけとなった事故のような、身体・生命が侵害される重大な災害や事故が発生する危険性がある場合など。

事実と一緒に衆人の目にふれずに内部で握りつぶされてしまう可能性もある。この点については、外部へ告発した者を保護する条件として、内部で告発を行うことによって告発者が不利益を被る可能性や、以前に開示を行った際の使用者の対応などを判断要素とすることで、企業内部における労働者の告発に真摯な対応をとらなければ労働者が外部へ告発することを法的に認めるという圧力が使用者にかけられている。これにより使用者は告発処理に関する適正な法令順守制度を構築することを事実上要求されているのである。

こうして告発処理に関する法令順守制度が企業に整備されれば、企業内部での告発によって不正が是正される可能性が高まり、労働者が企業内部を告発先とするインセンティブがいっそう高められるという相乗効果が生み出されることになる。この効果は、ＮＰＯ「職場における公的関心」による調査、援助活動によってさらに促進されている。

公益開示法の段階的な保護の枠組みは、労使双方がともにもつ、内部告発が有するリスクへの恐れを利用して、告発を労使にとって最も摩擦が少ない企業内部へと誘導し、そこでの解決可能性を高める機能を有しているといえよう。

4　公益開示法と公益通報者保護法の相違

公益通報者保護法は公益開示法をモデルとしており、たとえば告発先を三種類に分類し、外部への通報ほど保護を受ける条件を厳しくするという仕組みを共通して採用している。雪印食中毒事件や東京電力原発検査虚偽記載事件など、告発者を保護することによって企業の不正行為の是正を図る必要性を意識させる事件が制度成立の背景に存在していたことも類似していよう。

もっとも仕組みの内容に踏み込んでみると、両者の間にはいくつかの違いがある。

たとえば公益通報者保護法の適用対象者は、労働基準法九条の「労働者」等である（二条一項）。この「労働者」という概念は、たとえば使用者の指揮命令を受けて労務を提供し、その対償として報酬を支払われる者と理解することが可能とされているが、[*7]明確な概念ではなく、いわゆる従業員役員や在宅労働者など、この「労働者」に該当するかが微妙なケースも多い。

内部告発者保護制度における告発者の保護は、公益の保護というもう一つの目的の手段としての意味も有しており、労働者の保護を主要目的とする一般の労働者保護法とは趣旨が異なる。公益開示法はこの違いを踏まえて構成されていた。適用対

＊7　菅野和夫『労働法〔第七版〕』（弘文堂、二〇〇五）八三頁。

具体的には、職業や契約形態に関係なく、仕事の依頼に対する諾否の自由がないことや、勤務内容、場所、時間について指示を受けていること、業務を他人に代わってもらうことができないなどの事情があれば「労働者」と判断される。一般の事務職員や肉体労働者、アルバイトは多くの場合「労働者」と判断されよう。医師や弁護士のような専門職であっても、右の事情があれば「労働者」である。

象者を広く認めることで不正を発見する目を増やすことは、公益の保護という法律の趣旨の達成を容易にするであろうから、公益通報者保護法が労働基準法に合わせて適用対象者を限定的にする必要は存在したのであろうか。

また、公益通報者保護法は、適用範囲を明確にすることを理由に告発の対象を刑法や食品衛生法など列挙された法律における犯罪に関連する行為に限定している（二条三項）。四〇〇以上の法律が列挙されてはいるものの、民事上の契約違反や不当な行為が対象とされない点では、公益開示法よりも限定的である。また、未発生の事実について告発する場合には、「まさに生じようとしていること」を必要としており、ある程度危険性が具体化していることが必要とされている点で間口が狭められている。

何を保護すべき公益とするかはその国の立法政策上の課題でもあり、端的に優劣を付けることはできないが、右の点を見る限りでは、公益開示法は公益通報者保護法よりも幅広い保護の対象と高い実効性を有していることが見えてくる。

第11章　イギリスにおける告発事実の存在に対する信頼の合理性
――Babula v. Waltham Forest College 事件　二〇〇七年三月七日控訴院判決〔[2007] IRLR 346 CA〕

長谷川　聡

1　はじめに

公益開示法の枠組みについて検討した前章を踏まえ、本章では、その運用の側面に判例分析という手法を用いて光をあててみることにしたい。公益開示法の運用の過程で生じた課題やその解決方法を検討することは、この法律の仕組みを強く反映している日本の内部告発者保護法制度・法理のあり方を考察する際の有用な手がかりを我々にもたらすと思われる。

本章で取り上げる Babula v. Waltham Forest College 事件は、公益開示法の保護を受けるためには、告発者が同法の保護対象となっている開示対象の存在についてどの程度の認識を有していればよいかが争点となった事件である。要件に即していえば、「保護される資格のある開示（qualifying disclosure）」に該当するか否かを判断する基準にかかわるこの問題は、公益開示法による保護を受けるためには告発先に関係なく必ず検討されなければならない争点であり、同法の適用範囲の決定に強く関連している。

2　事実の概要

中立人は被申立人大学に講師として雇われていたアメリカ人である。大学は、経理や財務などの職業的能力を認定する一般全国職業資格（General National Vocational Qualification:GNVQ）を取得するためのコースを担当していたAが年度途中の二〇〇四年三月で大学を辞めたため、申立人にこのコースの残りを担当することを命じた。申立人がこのコースを担当したところ学生の成績が悪かったため、その理由を学生に尋ねると、学生はAがカリキュラムに沿った講義を行わず、前年の九月から二〇〇四年の一月にかけて宗教的教育を実施していたためと回答した。申立人が懸念を抱いたのは、Aがクラスをイスラム教徒と非イスラム教徒のグループに分け、イスラム教徒の学生に対して二〇〇一年九月一一日のアメリカ同時多発テロ事件の発生に賛同し、このような出来事がロンドンにおいても起こることを望むと話した点であった。

中立人は以上の経緯を学長に報告したが、学長は具体的な対応をとろうとはしなかった。申立人はＡの発言を基礎として、国防に対する危険が生じる可能性がある、あるいは少なくとも人種的憎悪（racial hatred）をあおることが刑事犯罪に結びつく可能性があると判断し、さらにＡが他の教育機関において人種的憎悪をあおり立て、テロへの参加を扇動する危険性が高いと考えた。アメリカ人である申立人はこの問題をイギリスにおいてどのように扱えばよいかわからなかったため、ＣＩＡとＦＢＩに連絡を取り、これらの指示に従って地元の警察にこの問題を通報した。その後、大学に対して申立人がとった行動を報告した。

その後、申立人によれば、申立人は前記告発を行ったことを理由に大学から多くの不利益取扱いを被り、退職せざるをえなくなった。申立人は、この退職が「保護される開示（protected disclosure）」を行ったことを理由とするものであり、不公正解雇（unfair dismissal）に該当すると訴えた。

雇用審判所（Employment Tribunal）および雇用上訴審判所（Employment Appeal Tribunal）は、申立人が主張する刑事犯罪や法的義務違反の前提となる刑事罰や法的義務自体が存在していないことを理由に申立を棄却した。これに対し申立人が控訴院（Court of Appeal）に上訴したのが本件である。

3　判決要旨

上訴認容。異なる審判員からなる雇用審判所に差し戻し。

本件告発は一九九六年雇用権法（Employment Rights Act 1996）四三B条一項における保護される開示であるため、これを理由とする本件退職は自動的に不公正解雇に該当する、という申立人の訴えを退けた雇用審判所の判断は誤っている。雇用審判所は、Kraus事件において示された判断基準に基づいて、申立人の四三B条一項に基づく訴えを、刑事犯罪や法的義務の違反の前提となる刑事罰や法的義務自体を指摘することができなかったことを理由に退けた点に誤りを犯している。

保護される開示であることを求める訴えを提起するためには、告発の基礎としている事柄が犯罪行為に該当する、または法的義務違反を構成すると申立人が信頼したことが合理的であれば十分である。雇用権法四三B条一項は、「示すであろう」という文言を用いているのであって、告発内容が正しいことを要求する文言を用いていない。Kraus事件において示された四三B条一項の解釈は正確な法を述べているとはいえず、これに従うべきではない。

保護される開示を理由とする不公正解雇に該当するか否かを審理する際に、認定しなければならない事実は三つある。第一は、被用者が自身が開示した情報が四三

Ｂ条一項に規定された基準に合致することを信じているか否かである。第二は、この信頼が合理的か否かを客観的に判断することである。第三は、開示が誠実に（in good faith）行われたか否かを判断することである。

したがって、刑事犯罪が犯されていたという告発者の主観的信頼が審判所によって客観的に合理的であると判断された場合には、信頼していた事実が誤りであったことが判明したり、中立人が真実であると信頼していた情報が法的には刑事犯罪に該当しなかったりしても、信頼は不合理で、告発者は立法上の保護を受けることができないという結果にはならない。公益開示法の目的は責任ある内部告発を促進することにある。真実であると信じたある事実が、法的問題として、ある刑事犯罪を構成しうるか否かを判断できるような刑事法に関する詳細な知識を被用者に期待することは現実的ではなく、もしこれを求めるとすれば公益開示法を制定した政策目的に反する効果をもつことになろう。

本件において、コースの前任者が人種的憎悪をあおるという刑事犯罪を犯したという情報を中立人が信頼したことは合理的であり、これはこの事実が誤りであったとしても変わらない。

4　検　討

(1)　論点の所在

内部告発者が公益開示法による保護を受けるには、まず告発者が「労働者(worker)」に該当し、その告発が雇用権法四三B条一項に列挙されている(a)刑事犯罪、(b)法的義務の不履行などの事由の一つあるいは複数を示すであろう(tend to show)「保護される資格のある開示」に該当する必要がある。これらの事実がすでに存在することはもちろん、存在している、あるいは存在するであろう(is likely to)と告発者が信頼することが合理的であるということができる事実があればよい。そして実際に「保護される開示」として認められるには、さらに告発先に対応して誠実に告発を行ったこと、告発内容が真実であると信じることが合理的であることなどの要件を満たす必要がある。以上の立証の流れは、既に前章で論じたところである。

控訴院は本件を使用者およびその関係者への告発が問題となった事件ととらえ(雇用権法四三C条)、誠実にこれが行われたことは認められると判断した。問題となったのは、告発した事実が仮に告発者の認識通りに存在したとしても雇用権法四三B条一項の列挙事由に該当しない場合であっても、該当するであろうと信頼することが合理的であれば保護の対象となるか否かである。申立人が告発したのは、Aが「宗教的」憎悪をあおる可能性のある言動を行ったことであったが、公共秩序法（Public Order Act 1986）一八条が刑事罰の対象としているのは「人種的」憎悪をあおることを意図する言動であり、雇用契約に基づいて学長が負っていたのも大学における「人種」平等を推進する責務であった。仮にAの認識通りの言動が存在していたとしても、それは雇用権法四三B条一項a号、b号のいずれにも該当しなかったのである。

(2)　従来の裁判例

この論点の解決にあたり原審である雇用上訴審判所が用いたのが、判決文に引用されている Kraus v. Penna plc 事件[*1]で示された判断方法である。この事件は、被申立人B社の組織再編と剰員整理手続について人的資源管理の専門家としてのコンサルタント業務を行う雇用契約を被申立人A社と締結した申立人が、この契約を初回打ち合わせから一週間も経たずに解約されたことについて不公正解雇を訴えた事案である。B社は、申立人は服装や振舞いに問題があり、組織再編プロジェクトに対する熱意に欠けていたとして解約が正当なものであることを主張した。これに対し申立人は、解約の真の理由は、申立人がB社の重役にこのプロジェクトを実行した場合に不公正解雇の訴えを被りうる（could）ことを指摘したことにあり、これはB

＊1　[2004] IRLR 260 EAT.

社の法的義務の不履行を指摘するものであるため、公益開示法による保護の対象になると主張したのである。

争点は、申立人の告発が法的義務の不履行が存在するであろうことを主張したものといえるか否かである。雇用上訴審判所は、この課題に対して二つの観点から解答し、申立人の請求を退けた。

一つは、「[存在する]であろう」という文言の意味である。雇用上訴審判所は、同じ文言を有する他の法律の解釈例を踏まえて、労働者が告発の時点で信頼することが合理的であるといえる開示情報は、その存在について「危険（risk）」や「可能性（possibility）」があるだけでは不十分であり、「ほぼ確実に（probable）」存在する必要があると指摘した。申立人の認識は、これらの程度に到達する前段階にとどまっており、B社に剰員解雇を回避する余地も残されていたことから、「存在するであろう」という要件を満たしていないと判断した。

もう一つは、開示対象事実である法的義務の不履行が客観的に存在していないことである。雇用審判所は、雇用権法四三B条一項b号にある「負っている」という文言に基づいて、法的義務の不履行に関する告発が保護されるには、前提として使用者が法的義務を負い、法的義務違反が生じる可能性が存在する必要があると指摘した。この事件の使用者には不公正解雇制度の適用要件を満たしていない従業員を解雇したり、希望退職を募ったりすることで剰員解雇を回避する余地が残されていたため、法的義務の存在が特定されていないと判断され、保護が否定された。

Kraus事件以降、[*2] 告発対象になる義務が実際には存在していないことや、告発対象となった事柄について正当な理由があることを使用者が証明したとしても、「保護される資格のある開示」に該当することを妨げないと判断した審判例も存在していた。[*3] しかし本件雇用審判所は、認識した事実が認められたとしても開示対象事実に該当する余地がまったくないケースについては、依然Kraus事件が先例であるべきと判断したのである。

(3)　本判決の位置づけ

内部告発は公益を保護する一方、使用者に損害を与える可能性のある行為でもあり、開示対象事実の存在についてどの程度の蓋然性を要求するかは、両者のバランスの取り方に関する価値判断である。また、公益開示法が「保護される資格のある開示」を限定列挙していることに注目すれば、この限定列挙に該当することが客観的にありえない告発は当然保護の対象外、という論理も成り立たないわけではない。

しかしこの点の判断においては、そもそも公益開示法の目的が風通しの悪い企業風土を改善し、企業の不正に最も近い従業員にチェック機能を担わせることにあることを念頭におく必要があるだろう。企業内の不正について何らかの懸念を抱いた

＊2　Kraus事件の前にも、Darnton v. University of Surrey ([2003] IRLR 133 EAT) のように条文上告発内容が真実であることまでは要求されていないことを指摘する審判例は存在した。

＊3　Bolton School v. Evans [2006] IRLR 500 EAT.

としても、その蓋然性を確かめるための時間と手間が必要となれば、企業に勤務時間中拘束され、懸念に関連する情報にアクセスする権限を必ずしも与えられていない労働者には、告発のためのハードルは高く設定されることになる。緊急の対応が求められる問題に対する内部告発の抑止力は、とくに低下することになろう。

また公益開示法に限定列挙された開示対象事由に正確に該当すると確信したうえで告発をするには、告発者に犯罪の構成要件や法的義務の存在に関する十分な知識を要求することになるが、これは現実的ではない。労働者の中には自身の基本的な権利義務すら把握していない者も多いだろうし、仮に法律の専門家並の知識を有していたとしても、犯罪や法律違反の要件を備えることなどの公益開示法所定の開示対象事実が存在するか否かは、実際に裁判で争ってみないと正確にはわからないことも多い。

Kraus 事件の判断基準は、実際に告発に踏み切る者の範囲を狭め、公益の保護という公益開示法の機能を不全に陥らせる意味をもつものであったといえよう。この審判例については審理の進め方や先例の選択方法自体に批判があり、[*4] (a)使用者が明確にある法的義務を負っている場合に、被用者が不履行の存在を合理的ではあるが、誤って信じた場合と、(b)使用者が法的義務を負っており、そしてそれに違反したと、被用者が合理的ではあるが、誤って信じた場合とを区別することが可能であるかという問題点も指摘されていた。[*5]

＊4　John Bowers QC, Martin Fodder, Jeremy Lewis, Jack Mitchell, Whistleblowing - Law and Practice 43-47 (2007).

＊5　Michael Rubenstein, [2004] IRLR 259.

本判決は右の批判をとらえて Kraus 事件の判断枠組みを明確に否定し、公益開示法の機能性を回復した点に意義を有する。

本判決の論理によれば、限定列挙である公益開示法の保護を受けられる開示対象事由は、告発者がこれが存在すると信じることが合理的であると判断される限りにおいて、実質的には拡大することになる。たとえば、労働者が使用者との雇用契約の内容を勘違いして、実際には存在しない使用者の義務が履行されていないことについて告発を行った場合、使用者に落ち度がなかったとしても、この告発は保護の範囲に含まれることになろう。もちろんこの場合に使用者が契約責任を追及されることはないであろうが、告発自体については適切に対応することを公益開示法は求めているといえる。開示対象事由を緩めるこの論理は、告発者が犯罪の内容や法的義務違反などの告発対象を具体的に特定していなかった場合も保護の対象に含めることを認める審判例[*6]の動きに合致する。

本件の影響は、保護にあたって告発内容に関する真実性の要件が設けられていない、使用者や使用者が指定した者等を告発先としたときにとくに大きくなる。ほかにも誠実性の要件や合理性の要件があるため、告発者の主観のままに告発が許されるわけではないが[*7]、告発者の保護により得られる「公益」の意味も、開示対象事由の実質的な広がりに合わせてある程度広がりをもって理解する必要が出てこよう。

＊6　たとえば、Odong v. Chubb Security Personnel (EAT/0819/02, 13 May 2003)、Bolton School v. Evans ([2006] IRLR 500 EAT) など。

＊7　たとえば誠実性の要件については、率直な意図 (honest intention) では不十分であり、公益の保護と関係ない意図が主であってはならないと判断されている (Street v. Derbyshire Unemployed Workers' Centre [2004] IRLR 688 CA)。告発を行う際にさまざまな意図が混在していることが一般的であり、事案によっては争点となろう。

(4) 日本法への示唆

公益通報者保護法は、不正な目的でなく「通報対象事実が生じ、又はまさに生じようとしている旨」を通報することを「公益通報」とする。

この通報対象事実は限定列挙であるため、通報者が通報対象事実に該当すると認識しつつ、実際には該当しないという本件のような場面も生じる可能性がある。しかもこの限定列挙は具体的な法律を列挙したものであり、公益開示法が「法的義務の不履行」や「環境への侵害」のように抽象的な事項を列挙しているのと比較すると、同じ限定列挙でも通報対象事実に広がりがない。通報の際に参照すべき対象が明確化されているといえるかもしれないが、これらの法律の適用の有無をはっきりと判断できる場合ばかりではないから、労働者の通報の指針にはなりにくいだろう。Kraus事件で採用されたような解釈方法は、公益通報者保護法の趣旨にもそぐわないが、これが認められたときの告発予定者に与える萎縮的効果は日本の方が大きくなろう。

保護のために求める通報対象事実の存在の裏づけについては、事業者内部への通報について「思料する場合」、それ以外について「信ずるに足りる相当の理由がある場合」と規定されている。いずれも通報対象事実が結果的に存在しなかった場合にも保護の可能性を認めるものであり、この限りで公益通報者保護法の通報対象事実が実質的に広がる余地がある。主張を裏づける相応の資料や根拠など客観的裏づけを要する後者については、この広がりは比較的限定されるかもしれないが、労働者の主観的認識を主な判断基礎とする前者については、より柔軟性をもって解することが求められよう。公益通報者保護法には公益開示法の合理性の要件のような制約が明文上付されておらず、[＊8]このように解したとしても、事業者内部の通報であるため使用者に不利益は生じない。

また、「まさに生じようとしていること」という要件の解釈も要求される通報対象事実の蓋然性に影響する。これは通報対象事実の発生が切迫し、発生する蓋然性が高いことを意味する。[＊9]これは発生する直前であることは必ずしも必要としないものとされているが、時間的接着性がなければ、その分他の周辺事実においてより高度な蓋然性の証明が必要とされることになろう。そもそも通報対象事実を具体的に把握すること自体に困難がありうる通報者に、通報対象事実の発生可能性を告発前に吟味させる困難を強いる可能性は否定できない。先述の通報対象事実の存在を裏づける基礎に関する要件に加えて、通報先にかかわらず設けられているこの要件が、「実際に通報対象事実が生じた後では、回復が困難な被害が生じるおそれのあるものもあること」、法令遵守を実現するためには、「犯罪行為や法令違反行為の未然防止を図る通報は、実際に犯罪行為や法令違反が行われた後の通報以上に有用であると考えられること」、というこの文言が規定された目的の達成に資するものであるか、再考の余地があろう。

＊8　この公益開示法の合理性の要件も、総合的に見て労働者が認識していた、あるいは労働者が認識していたことが合理的といえる事実を基礎として判断されるものであって（Darnton v. University of Surrey, 前掲＊2参照）、真の客観的事実関係を基礎に判断されるものではない。

＊9　以下の公益通報者保護法の解釈、条文の趣旨について、内閣府「公益通報者保護法の逐条解説」二六頁（公益通報者保護制度ウェブサイト、http://www5.cao.go.jp/seikatsu/koueki/gaiyo/tikujo.html）。

第12章　アメリカにおける内部告発者の保護
——企業改革法（Sarbanes-Oxley Act of 2002）を中心に

畑中　祥子

1　はじめに

二〇〇一年末から二〇〇二年にかけて、エンロンやワールドコムの不祥事が内部告発によって明るみに出たことが、日本でも大きく報道されたこともあって、アメリカでは内部告発が盛んに行われているようなイメージがもたれているようである。しかし、アメリカにおいても、「内部告発」に対しては抵抗感が大きく、社会的に正しい行為というよりは「裏切り者」、「スパイ」という評価を受けることの方が一般的である。実際に、内部告発を行った者は、その後、有形・無形の嫌がらせを受けるなどして、会社に居づらくなり、さらには、再就職をも妨害されるなどの不利益を受けることが少なくない。

内部告発は、企業の不祥事や人の生命身体・健康にかかわる環境汚染、その他の企業による不正行為を内部の労働者の手によって白日の下にさらし、企業犯罪の摘発や環境汚染の防止といった、いわゆる「公益」にとって非常に効果的であるといえる。

しかし、内部告発を行った労働者に対する有形・無形の嫌がらせが行われることも事実であり、内部告発によって得られる「公益」の保護と内部告発をした労働者の保護とのバランスをとることが必要となろう。

本章は、前章のイギリスの「公益開示法」における内部告発者の法的保護のあり方に続いて、イギリスとは異なるモデルとして、二〇〇二年にアメリカで制定された企業改革法（サーベンス・オックスリー法）における内部告発者保護のあり方を中心に、内部告発者の保護の歴史的背景と保護制度の概要を紹介する。[*1]

2　アメリカにおける内部告発者保護制度の沿革

アメリカには、イギリスの「公益開示法」のような民間・公的部門の両方に適用がある包括的な内部告発者保護法は存在しない。一部の連邦法と各州法レベルでの保護規定が存在するのみである。

アメリカにおいて初めて内部告発の促進および内部告発者の保護を規定した法律は、南北戦争時代の一八六三年に制定された「不正請求禁止法（False Claims Act）」である。同法では、連邦政府に対して不正な水増し請求を行う業者を、一般市民が連邦政府に代わって訴え、訴訟で勝ち取った政府の損害額の三割（当初は五割）の

＊1　本章で中心に扱ったサーベンス・オックスリー法については、中川かおり「企業改革法の成立」外国の立法二一五号（二〇〇三）八七頁、中原俊明「米国における内部告発の法理——サーベンス・オックスリー法（SOX）を中心に」志学館法学六号（二〇〇五）九三頁に詳しい。また、主に州法レベルでの内部告発者保護に関しては、山川隆一「アメリカ合衆国における『内部告発（whistleblowing）』の法的保護」労働法律旬報一五五二号（二〇〇三）五二頁を参照されたい。

報奨金を受け取ることができることになっている。報奨金制度にはアメリカにおいても賛否両論あるが、「連邦政府の損害」＝「国民の損害」を食い止めるという点では、報奨金制度があることが告発の大きなインセンティブとしてはたらいていると考えられる。

しかしながら、同法は、「一般市民」からの不正の摘発を促すものであり、「労働者」による内部告発保護という色彩は薄いといえよう。

その後、一九七八年に連邦公務員を対象とした内部告発者に対する保護法として「公務員制度改革法（Civil Service Reform Act）」が制定され、同法の一九八九年改正において、内部告発者保護を強化した「内部告発者保護法（Whistleblower Protection Act）」が制定された。

連邦公務員を対象とした内部告発者保護法は、内部告発をむしろ、公務員の義務としてとらえている。すなわち、公務員は、社会において最も重要な法益である国民の生命、健康などを保護すべき立場にあり、また、国民からの税金の使途の適正性・公正性を保つために、不正行為が存した場合には、積極的にそれをあらため、以後、同様の不正が行われないようにするということが、当然の職責と考えられる。

したがって、同法によって公務員の内部告発者を保護することは、国家全体の利益を守るために行動した者に対する国家としての当然の義務である。

このように、アメリカにおいては、国民の利益を守るという観点から、公的部門から内部告発者の保護法制が確立されていった。

そのほか、「公益」に関する内部告発者の保護の規定は、環境・原子力分野の民間部門を対象とした「大気保全法（The Clean Air Act of 1977)」、「連邦水質汚染防止法（The Federal Water Pollution Control Act of 1972)」、「飲料水安全法（The Safe Drinking Water Act of 1974)」、「エネルギー再生法（The Energy Reorganization Act of 1978)」等の中に設けられている。さらに、株式公開を行っている民間の公開会社の従業員を対象とする連邦法として「企業改革法（サーベンス・オックスリー法：Sarbanes-Oxley Act of 2002)」がある。

以下では、適用対象となる労働者が「公開会社の従業員（employee)」に限られるという一定の制限があるものの、民間部門の労働者を対象とする内部告発者保護の規定を有する唯一の連邦法である企業改革法（以下、ＳＯＸ法）を中心に取り扱う。

3　ＳＯＸ法の背景

二〇〇一年末から二〇〇二年にかけて、米国大手エネルギー企業のエンロンによる粉飾決算が内部告発によって明らかになり、また、ワールドコム社の不祥事も内部告発によって表面化した。これにより、結局、エンロンもワールドコムも破綻に追い込まれた。これらの相次ぐ企業の不祥事（粉飾決算、インサイダー取引、不正報酬取得など）を受けて、アメリカでは、企業に対する投資家の信頼を回復し、企業のコンプライアンス、ガバナンスを適正なものにすることを目的とする法律の整備が急ピッチで行われた。

ＳＯＸ法とは、米国連邦議会の上院議員ポール・サーベンスと下院議員マイケル・オックスリーによって提出された法案を基に、二〇〇二年七月三〇日に制定された法律であり、「企業および不正犯罪行為説明責任法（Criminal Fraud Accountability Act of 2002）」の別名である「企業改革法」の呼称である。

上述したように、同法は、そもそも、内部告発者の保護を主目的として定められた法律ではなく、相次ぐ企業の不祥事を受けて、企業の会計監査の監視強化、財務状況の開示の強化、証券詐欺に対する刑罰強化等の企業犯罪の防止に重点がおかれた法律である。

これらの規定の中にあって、内部告発者の保護に関する規定である同法八〇六条（18 U.S.C. 1514A）は、これら企業犯罪の防止・摘発の効果を担保するものとして機能することが期待されている規定といえるだろう。

4　SOX法における内部告発者（Whistleblower）の保護

(1)　保護規定の内容

同法八〇六条は、内部告発者の民事救済規定であり、同条(a)項は「公開会社の従業員に対する内部告発者の保護」と題して次のように規定されている。

①　内部告発者　同法によって保護される内部告発者は、企業の連邦法違反に該当するような行為の存在を「合理的に信じる」公開会社の従業員である。

②　告発対象行為　保護される告発の対象事項は、証券取引法、証券取引委員会規則等に違反する行為などの行為に限られている。

③　内部告発先　連邦政府の執行機関、連邦議員および連邦議会における委員会、ないしは当該企業内の従業員に対して監督権限を有する者に限られる。日本の公益通報者保護法が上記の機関・者に加えて、報道機関や消費者団体なども通報先として認められている点とは異なるところである。

④　禁止される報復的行為　内部告発を理由とする解雇、降格、停職、脅迫、嫌がらせ、およびその他の差別的な行為である。

このような報復的行為が行われた場合には、日本法のように解雇を無効とするのではなく、罰金もしくは一〇年以下の禁固刑に処する（一一〇七条）こととされており、内部告発者への報復的行為に刑事罰が科されている点は特徴である。

⑤　禁止される報復的行為を行う主体　当該企業（使用者）のみならず、その役員、内部告発従業員の同僚たる従業員等をもその主体となることを明記している。

日本法における解雇その他の不利益取扱いを行う主体は「事業者」、すなわち使用者だけに限定されている。しかしながら、内部告発者に対する不利益な取扱いは、使用者だけでなく、内部告発によって企業イメージが損なわれたり、事業の縮小を余儀なくされたことに対して、同僚や当該企業と取引のあった下請会社の従業員らによる「いじめ」や「嫌がらせ」は行われうるのであり、この点は、アメリカ法は報復的行為の主体を広くとらえることで、内部告発者の保護をより実効的なものにしていると評価できるだろう。

(2)　法的救済

それでは、実際に内部告発を行った従業員が企業などから解雇その他の差別的な行為（報復的行為）を受けた場合には、いかなる法的救済がなされるのであろうか。これに関しては、八〇六条(b)項および(c)項に規定されている。

すなわち、(b)項aは、上記「(a)項の規定に違反して行われた解雇その他の差別的な取扱いを受けた従業員は、(A)労働省長官に申し立てを行うか、(B)同長官が一八〇日以内に同申し立てに対する最終決定をせず、かつ、このような決定の遅延が、申し立てを行った従業員の悪意によるものではないことが主張立証された場合には、連邦地方裁判所に訴訟を提起することができる」と定め、同項(2)において、「上記の労働省長官への申し立ては、本条(a)項の規定違反が生じた時から九〇日以内に行わなければならない」と規定されている。

また、同条(c)項において、救済の範囲は、(A)当該従業員が解雇される前に就いていた地位、または差別的な取扱いがなかったならば就いていたであろう地位への復職、(B)バック・ペイ（利息付）、(C)訴訟費用、弁護士費用を含む特別の損害に対する賠償と定められている。

このように見てくると、救済の範囲の(A)に従前の地位への復職を請求することができるのであるから、日本法における解雇の無効と効果的には変わらないようにも思える。しかし、両者には大きな違いがある。すなわち日本の場合には、労働契約法一六条に「解雇権濫用法理」が規定されていることからもわかるように、労働契約は「契約」といいながらも、使用者側の解雇権に一定の制限が加えられている。一方、基本的に解雇自由（employment at will）を原則としているアメリカにおいて、内部告発への報復としてなされた解雇の「無効」という法的効果を法律として定めることはできない。したがって、日本法では、内部告発を理由とする解雇は権利濫用として当然に「無効」となるが、アメリカ法の場合は、「無効」という法的効果ではなく、民事の訴訟において従前の雇用契約上の地位を回復することができるにとどまるのである。

5　SOX法の特徴と日本法への示唆

内部告発は、これを行う当の労働者にとっては、多くの克服されなければならない問題をはらんでいる。すなわち、自分が属する企業に対する忠実義務と自らの倫理観との衝突、内部告発をしたことに対する使用者のみならず同僚などからの報復（嫌がらせ）、内部告発による企業倒産や事業縮小を余儀なくされたことによる大量リストラといった内部告発後の波紋など、法整備だけでは解決されにくい問題がある。

しかし、このような問題があることと、不正な事実を告発し、それを正そうとする行為とは別の次元、というより、むしろ後者の方により優越的な価値を認めていこうとするのが日本における「公益通報者保護法」制定の意義といえるだろう。

アメリカの内部告発者保護は、包括的に法整備されているとはいえないが、上記に見てきたSOX法には、イギリスや日本にはない特徴がある。中でも、①内部告発者に対する差別的取扱い（報復的行為）を行う者を使用者に限らず、上司や同僚、下請会社等にまで拡大している、②このような者による内部告発者への報復的行為

＊2　アメリカの内部告発者保護には発展途上な面がある。たとえば、最近の事件において、アメリカの親会社が海外に有

に刑事罰が科されている、という二点は大きな特徴であろう。
①と②がいわば車の両輪のように機能し、内部告発者の「保護」をより実効的なものにしているといえる。このことから、今後の日本の公益通報者保護法においては、内部告発者への報復的行為は、使用者だけが行いうるものではないこと、公益の保護に資する情報提供を行った者に対する解雇その他の不利益取扱い等の報復的行為については、その違法性ないし反社会性はきわめて重大なものであることを考えれば、アメリカのような刑事の罰則規定についてもより一層の議論を期待するところである。*2

している子会社の従業員が当該子会社の不正行為を親会社に内部告発した場合には、SOX法の適用はないという判断がなされた（Ruben Carnero v. Boston Scientific Corporation 433 F.3d 1 (1st Cir.2006)）。

しかし、海外の子会社の不正行為は親会社にも少なからず影響するものであり、議論の余地がある。そのほか、アメリカにおける内部告発者に関する典型的な事案類型については、永野秀雄「米国における公益通報者保護法制の展開――米国企業改革法（サーベンス・オックスリー法）にもとづく内部告発に関する判例の検討」労働法律旬報一五八八号（二〇〇四）一八頁を参照されたい。

第13章　アメリカ企業改革法（SOX法）における内部告発者保護の現状

――アメリカ Livingston v. Wyeth Inc. 連邦控訴裁判所第四巡回区二〇〇八年三月二四日判決

畑中　祥子

1　はじめに

本章では、内部告発に関するアメリカの事例を紹介する。前章で述べたようにアメリカの民間企業の従業員による内部告発を保護する連邦法は、企業改革法（以下、SOX法）である。しかしながら、同法の主要目的は、証券取引法および証券取引に関連する規則等に基づいて行われた企業の情報開示の正確性・信憑性を確保することによって投資家の保護を図ることであるため、同法によって保護される内部告発も証券取引法等の違反によって株主に損害を生じさせる企業の行為に関する内部告発に限られる。したがって、法令全般にわたる企業犯罪の内部告発に対して内部告発者を保護する法律とはなっておらず、適用範囲が限定される。

以下に紹介する裁判例は、製薬会社の工場が連邦食品医薬品局（FDA）によって定められた医薬品および医薬部外品の製造管理および品質管理に関する基準（GMP）に違反していることを同会社の株主に損害を与える可能性があると認識した従業員が、内部告発をしたことを理由に使用者から報復的に解雇されたと主張して争った事案である。結論としては、内部告発従業員の敗訴となったが、多数意見に迫るほどの量の反対意見が付けられており、今後議論をよぶ事案として注目に値するだろう。

2　事実の概要

原告Mark D. Livingston（以下、X）は、薬品・健康食品の製造業を営む被告Wyeth社（以下、Y_1）のノース・キャロライナにあるA工場の元従業員である。A工場は、主に小児用のワクチンの製造を行っている。

Xは、二〇〇〇年八月七日にY_1社A工場の従業員に対する訓練および継続的改善の責任者（Manager of Training and Continuous Improvement: TCI）として採用され、FDAの定める医薬品および医薬部外品の製造管理およびGMPをクリアできる体制を整備する責任を負っていた。

Y_1社は、二〇〇〇年一〇月、FDAからY_1社の三つの工場（A工場以外の工場であった）に対し、上記基準に満たない製品の製造を差止める旨の警告書を受けた。これに対して、Y_1社は、すべての工場に対してコンプライアンスを徹底するよう指示した。また、Y_1はＸをＧＭＰ遵守体制推進室のリーダーに任命した。

二〇〇二年七月二九日および八月一日、Ｘは、ＦＤＡへの改善報告書提出に向けた最終確認の席で、外部の審査機関の審査の結果、Ａ工場の改善状況はＧＭＰの六〇％程度にしか達しておらず、深刻なギャップがあることを説明した。

Ｘは、Y_1社が期限までにＧＭＰをクリアするまでに改善することは不可能であると確信し、二〇〇二年七月一〇日、上司であるY_2らに対し、上記事実とともにY_1社が基準を満たしている旨の虚偽の報告書を提出する違法行為を行う可能性があることを記したメモを渡し、Ｘは報告書に承認のサインをしない旨告げた。これに対し、Y_2は、二〇〇二年七月二四日、Ｘに対し、「わが社のコンプライアンスの状況について批判を続けるならば、解雇も辞さない」旨を通告した。

その後、Y_1社は、内部審査の結果、改善報告書の内容に問題はないことを決定し、Ｘも承認のサインをした。

一方、Ｘは、同月二九日、Y_2が解雇を背景に強迫したこと、事実を隠蔽し会社運営に悪影響を及ぼしたとしてY_1社の倫理委員会・法令順守委員会に対し苦情を申立てた（本件内部告発）。しかし、両委員会における調査の結果、Ｘの主張は認められずY_2への処分は行われなかった。さらに、Y_2および人事課長であるY_3は、Ｘに対し、内外の関係者に対して「建設的でない発言をすること」や「Y_1社がＦＤＡをだましているなどとして接触すること」を禁止するなどの一〇項目におよぶ九〇日間の業務改善を指示した。

これらの事情により、XとY2およびY3の人間関係は悪化していき、Xは近いうちに解雇されるのではないかと思うようになった。そして、二〇〇二年一二月一三日に行われた従業員の慰安パーティーの席でXとY3は口論となった。この事態を受けて、同月一六日、Y1社はXを同パーティーでの不適切な行動および以前から同僚を罵倒するなどの行為があったこと等を理由に同月一九日付けで解雇する旨を通知した。

そこで、Xは、Y1による本件解雇が、SOX法八〇六条が禁止する内部告発者に対する報復的解雇であるとして、本件解雇の無効と従前の職またはそれと同等の職への復職、バック・ペイ、補償的損害賠償および懲罰的損害賠償等を求めて提訴した。

原審であるノース・キャロライナ中部地区連邦地方裁判所二〇〇六年七月二八日判決は、XにはY1が証券取引法に違反していると「合理的に信じる（reasonably believe）」根拠はなく、本件におけるXの行為はSOX法において「保護される行為（protected activity）」ではないと判断し、本件解雇はXの反抗的な態度を理由とするものであるとして、Xの請求を棄却した。そこで、これを不服として控訴したのが本件である。

3　判決要旨[*1]

「ＳＯＸ法八〇六条（18U.S.C. §1514A）は、公開株式会社の従業員による内部告発を保護する規定であり、当該従業員が、当該会社が株主に対する詐害行為を禁止する証券取引法、同法規則およびその他の連邦法に違反する行為を行っていることを情報提供したり、調査に協力したことに対して報復することを禁止している」。

「同法に基づく訴訟においては、⑴Ｘが上司または当該違反について調査・改善の権限を有する者に情報提供したこと、⑵当該情報提供がＳＯＸ法に列挙されている法律および規則に違反すると合理的に信じた（reasonably believed）ことによるものであること、⑶解雇または不利益取扱いがあったこと、⑷当該情報提供が当該解雇その他の不利益取扱いの主要な要因となっていること、をＸが主張立証しなければならない」。

「同法における reasonably believe とは、単にＸが会社の行為を法違反にあたると信じるだけでなく、Ｘと同様の立場にある合理的な人間であれば当該会社の行為が法違反を構成すると信じることを証明しなければならない。（中略）さらに、当該違反については、違反があったというだけでは足りず、当該違反が現在も進行していることを証明しなければならない」。

＊1　ＳＯＸ法は二〇〇二年七月三〇日に施行され、Ｘの内部告発時は同法施行前の二〇〇二年七月一〇日および二九日であるため、本件においてＳＯＸ法の遡及適用の問題が争点となったが、連邦地裁判決において、同法の適用は、内部告発時ではなく、内部告発によって解雇その他の不利益取扱いを受けた日を基準とすると判断されている。

本件では、①Xによる二〇〇二年七月一〇日のメモおよび同月二九日の申立ては、Y_1がFDAに対して不実表示を行った、あるいは、証券取引法に違反する行為を行おうとしていることの証明にはならない、②FDAからの警告書はA工場以外の工場に対して発せられたものであり、A工場がGMPを満たしていないことは今後Y_1において改善されていく事柄であって、Y_1がFDAの警告書に違反したという根拠にはならない、③本件においてYらがY_1社の株主をミス・リードする意図をもって行動したという立証がない、④証券取引法等が禁止するのは重大な事実に関する虚偽の言動であり、A工場に関する事項は②の通り、本件FDAに対する報告において重大な事実とはいえない」と判示し、上記(2)の立証がされていないとしてXの訴えを棄却した。

しかし、本件には Michael 判事による反対意見が示されているので概略のみ紹介する。

FDAが医薬品等の製造業者に遵守を強制するGMPは、薬品の製造に携わるすべての者に適切な訓練を受けさせることを要求しており、当該訓練によって製品の安全性を保証するものである。したがって、FDAの警告書は、Y_1社の一部の工場に対して発せられたものではあるが、実質的にはY_1社の薬品製造部門全体に向けてGMPの遵守を徹底するよう要求するものであると解される。このことは、同警告書においても、部門全体について独立した監査人を雇用することが要求されている点からも明らかである。しかしながら、Y_1社は、Ａ工場がＧＭＰに満たない状況であるにもかかわらず、ＦＤＡに対してＡ工場の改善のために報告書の提出期限の延長を求めるなどの適切な措置をとらず、かえってＸに対し業務改善命令を出しており、ＸはＳＯＸ法による保護の要件を満たしている。したがって、事実審理が不十分であるとして、原審の判断を破棄差し戻すべきである、との旨が述べている。

4　解　説

(1)　内部告発をめぐる裁判の手続

ＳＯＸ法における内部告発者保護規定の中身は前章に譲るとして、ここではＳＯＸ法八〇六条に基づく民事訴訟の手続や裁判例の動向を概観し、ＳＯＸ法がかかえる問題について検討していく。

まず、手続に関して確認すれば、内部告発を行ったことを理由とする解雇その他の不利益取扱いを受けたとして民事訴訟を提起するには、事前に、労働省長官に救済申立てをしなければならないことになっている。申立てを受けた場合、労働安全衛生局（ＯＳＨＡ）の調査官が、被申立人（使用者）が法違反を犯し、かつ、申立人に救済の必要性があると信じるに足る合理的理由があると判断する場合には、当事者に証拠の提出を求める。[*2] その際、申立人は、「証拠の優越性（preponderance of the

＊2　See 69 Fed. Reg. at 52,104, 106, 107.

evidence)」による事案の主張立証をしなければならない。すなわち、①SOX法において保護される行為を行ったこと、②使用者が保護される行為であることを知っていたこと、③雇用上の不利益を被ったこと、④保護される行為を行ったことが使用者による不利益取扱いの主要な要因であったこと、の四点である。

ＯＳＨＡの調査官は労働省副長官の名の下に、申立てを受けてから六〇日以内に救済命令か申立て却下の判断を下す。しかし、この判断に不服な当事者は、ＯＳＨＡの判断後三〇日以内に行政審判官（Administrative Law Judge: ALJ）に対し審判を申し立てることができる。[*3] また、さらに当事者がALJによる審判に不服の場合、行政再審判委員会（Administrative Review Board: ARB）に再審判を求めることができる。[*4]

そして、当事者は、ＡＲＢが申立ての受理後一八〇日以内に結論を出さない場合には連邦地方裁判所に訴訟を提起することができる。あるいは、ＡＲＢの再審判に不服の場合には連邦控訴裁判所に処分取消を求めて訴訟を提起することができるようになっている。

このような行政審判制度に対しては、内部告発を理由に解雇された従業員にとっては審判の期間が長く、結論までに長期間を要するため、かえって従業員に内部告発を思いとどまらせる効果があるとの指摘もあるが、[*5] ＡＬＪやＡＲＢにおいて示された判断基準は、裁判所における判断に強く影響を及ぼしており、先例として判例

＊3　See 69 Fed. Reg. at 52,108.

＊4　See 69 Fed. Reg. at 52,111.

＊5　Valerie Watinick, *Whistleblower Protections under The Sarbanes-Oxley Act: A Primer and A Critique*, 12 Fordham J. Corp. & Fin. L. 831 (2007)

法理を形成するまでに至っている。したがって、法解釈においてはその重要性を増しているといえるだろう。

(2)　ＳＯＸ法に基づく内部告発事件の主要論点

次に、実際の訴訟においていかなる論点が問題となっているか、すなわち、ＳＯＸ法に基づく内部告発訴訟における主要論点を紹介し、どのような判断がなされているかを概観する。

①　ＳＯＸ法の適用範囲について――主に域外適用について

まず、前章の最後でもふれたが、近年ＳＯＸ法の適用範囲、とりわけ、米国外への域外適用の有無が問題となっている。これは、本社は米国にあり、世界各国に支社をもつ企業において、海外支社の従業員が支社の不正会計等の違法行為を米国本社に告発する場合などに当該支社の内部告発従業員にも米国のＳＯＸ法の保護が与えられるかという問題である。

ＳＯＸ法は、同法の中心的な目的である株主保護に資するために米国証券取引法の適用を受ける公開株式会社の従業員による内部告発を保護する法律であることから、米国国内で働く従業員にのみ適用されるとして、アルゼンチン支社のアルゼンチン人による米国本社への内部告発に対してＳＯＸ法は適用されないとの判示がある。[*6] しかし、同判示はＳＯＸ法の中に域外適用についての明確な規定がないことが

＊6　Carnero v. Boston Scientific Corp., 433 F.3d 1 (1st Cir. 2006).

大きく影響しており、判決の中で同裁判所は、救済を「米国国内での行為に限定することは、SOX法が適用される会社の海外支社という理由だけでSOX法の適用を不当に遮断するものである」とも述べ、本社や親会社の実質的支配の有無等によってはSOX法の域外適用の可能性はまだ残されていると考えられる。*7

② SOX法によって保護される行為

SOX法において保護される内部告発者の行為は、「(従業員が) 情報提供し、または、①連邦規則および法の執行官、②連邦議会の議員または委員会、③当該従業員に対して監督権限を有する者、④調査・発見・不正行為を止めるなどの権限を有するその他の従業員による調査に協力する」こと、と規定されている。このような保護される行為に該当するか否かを判断するには、企業の違法行為を合理的に信じたことを主張・立証しなければならない。なぜならば、情報提供や調査への協力という行為の根底には、当然ながら、当該従業員が当該使用者の行為が刑法、証券取引法、関連する規則および株主への詐害行為を禁止する他の連邦法に違反するものであることを合理的に信じている (reasonably believe) という事情が存在することになるからである。ここでの reasonably believe については、本件裁判所も指摘しているように、「当該従業員と同様の情報を有しかつ同様の地位にある合理的な者であれば違法行為が行われていると考えるか否か」が判断基準となっている。*8

本件裁判所の多数意見では述べられていないが、Michael 判事の反対意見は、Y1

＊7 *Carnero*, 433 F.3d at 7,Jennifer Christian, Whistleblower Protection under Sarbanes-Oxley: Key Provisions and Recent Case Developments, 31 Okla. City U.L.Rev. 331 など。

＊8 Lerbs v. Buca Di Beppo, Inc., 2004-SOX-8,at 11 (A.L.J June 15,2004).

社は製薬会社であるという業務の性質から、ＦＤＡからの警告書を受けていないＡ工場における問題もＧＭＰ基準の徹底というＦＤＡの方針に反する事実であり、かつ、基準に満たない工場において医薬品を生産しているとなれば、Y1社の評判も下がり、ひいてはY1社の株価にも悪影響を及ぼす結果となるであろうことは十分に想定できるという理解がその背景にあると思われる。このように考えると、ＳＯＸ法で保護される行為についてはー応の判断基準はあるものの、その運用にはいまだ検討されるべき課題があるようである。

③　内部告発と不利益取扱いの関係について

本判決では、Ｘの行為が保護される行為ではないと判断されたため、内部告発と人事上の不利益取扱いの因果関係について踏み込んだ判断はされなかったが、ＳＯＸ訴訟において両者の因果関係の立証は重要な論点であるので検討しておく。

八〇六条では、内部告発を理由とする解雇・降格・停職・強迫・嫌がらせ、および、その他の差別的行為を禁止している。一見して非常に広範にわたって報復行為を禁止しているが、原則的には、当該人事上の取扱いが「当該職務の帰結」としてのものであれば同条に違反しないとされている。[*9] しかし、その一方で、不利益取扱いとは、「従業員が内部告発を行わない理由」となるような取扱いであるとして従業員の主観を問題とする判断もある。[*10]

また、内部告発がその後の人事上の不利益取扱いの主要な要因であるかについて

＊9　Bechel v. Competitive Techs., Inc., 2005-SOX-33, at 35 (A.L.J. Oct. 5,2005). しかし、本件の申立人である従業員が内部告発を理由に賃金を減額されたと主張したものの、ALJは、「減額によって失った賃金よりも多くの賞与およびストック・オプションを得ている」として申立人の主張をしりぞけている。

＊10　Halloum v. Intel Corp., 2003-SOX-7, at 10 (A.L.J. Mar.4,2004).

は、内部告発が唯一あるいは他の要因とともに当該不利益取扱いに影響を及ぼしたことを主張立証すれば足りるとされている。[*11] しかし、不利益取扱いと内部告発との時間的近接性は両者の因果関係の立証において重要な要素とされている。[*12]

(3)　SOX訴訟における課題と日本法への示唆

SOX法は、公開株式会社に対して、従業員が内部告発を行ったことを理由とした解雇その他の不利益取扱いを罰則をもって禁止することで内部告発者の保護を図っているが、同法によって保護される行為は証券取引法等で禁止される株主への詐害行為についての内部告発のみであるため、適用範囲が限定されている。しかしながら、SOX法における適用範囲の問題は、同法が連邦法であるためであって、同法が適用されない企業の従業員による内部告発には州法による保護がありうる。また、SOX法は内部告発に関係する訴訟において他法を専占（preempt）するものではないため、他の法律に基づく主張も併せて行うことができる。

これに関連する事項として、SOX法は労使間の約定に優先して適用されるという規定をおいていないため、使用者が内部告発について企業内部での解決方法を整備している場合には、SOX法による解決よりも企業内での手続が優先されると考えられる。たとえば、使用者が作成する雇用ハンドブックの中に内部告発に関する仲裁手続がある場合には、当該手続による解決が優先されるとした例もある。[*13] この

＊11　*Halloum*.at 12.

＊12　Collins v. Beazer Homes USA, Inc.,334 F.Supp.2d 1365 (N.D. Ga.2004).

＊13　Boss v. Salomon Smith Barney, Inc., 263 F.Supp.2d 684 (S.D. N.Y.2003).

ような内部での仲裁手続を整備しておくことで訴訟を回避できるとなれば、労使双方において訴訟におけるさまざまなリスクを軽減することが可能になるだろう。ただし、仲裁手続が実際の運用において公平に行われることも同時に確保されなければＳＯＸ法のいわば「抜け穴」となる懸念はあるだろう。

本章では、アメリカの裁判例を紹介し、内部告発者保護の規定が実際にどのように機能しているかを見てきた。これを日本の公益通報者保護法と比較検討してみると、日本の公益通報者保護法二条には、通報対象事実として、個人の生命または身体の保護、消費者の利益の擁護、環境の保全、公正な競争の確保その他の国民の生命、身体、財産その他の利益の保護にかかわる法律等に規定する犯罪事実と定められ、ＳＯＸ法よりもはるかに対象事実の範囲は広く規定されている。しかし、一〇条には公益通報者から公益通報をされた行政機関は、必要な調査を行い、当該公益通報に係る通報対象事実があると認めるときは、法令に基づく措置その他適当な措置をとらなければならない旨が規定され、結局のところ、違反が認められた法令によって違反者は罰せられることが規定され、公益通報労働者の保護については公益通報を理由とした解雇の無効とその他の不利益取扱いを禁止する旨の規定があるのみである。したがって、公益通報者の保護の実効性は同法の規定からは不明確であるため、企業犯罪の抑止力としても、また、労働者の公益通報促進力としても不十分なものとなっているといえるのではないだろうか。

保護の実効性としては、たとえばアメリカのＯＳＨＡにおけるような内部告発に関する専門部署の設置や、ＡＬＪやＡＲＢのような行政審判制度によって訴訟の負担を軽減するなど、より制度化された仕組みが用いられることが望ましいであろう。

施行されてからまだ間もないため、今後、公益通報者保護法に基づく訴訟が積み重ねられていくことでいかなる法理が形成されていくのかを注視していく必要があるだろう。

第14章　ドイツ法における内部告発 Whistleblowing の法理

高橋　賢司

1　ドイツ法における Whistleblowing の法理の発展

Whistleblowing（内部告発）という語は、ドイツ語では、Pfeife blasen（笛を吹く）、Alarm schlagen（警鐘を鳴らす）という語に翻訳されている。[*1] もともとドイツでは、一九八〇年代までに、内部告発に関する問題は、忠実義務を強調する観点から、意見表明の自由の制約の問題として論じられてきた。たとえば、連邦労働裁判所長官キッセル教授は、忠実義務を「労働契約の全体の目的ないし経営の総体的な目的や、また、企業の目的の実現の利益を、行為全体において顧慮すべき、労働契約から生じる付随義務」として理解し、[*2] この付随義務は内部告発のもつ意見表明の自由としての高い意義を考慮しても、なおこれに対する制限を包含していると述べている。その上で、使用者への批判を事業所委員会などの事業所内部での解決の可能性を尽くす前に、公の場へ持ち出すことは、顧慮義務（Rücksichtspflicht）に違反し、告発は適法とされえないと述べている。[*3] キッセル教授は、また、これと類する

＊1　ドイツ法上の学説では、英語の Whistle-blowing がそのまま用いられることが多い。

＊2　Kissel, NZA 1988, S. 145 (150).

＊3　Kissel, NZA 1988, S. 150.

ことは、使用者の違法行為に対する刑事告発についてもいえる、と述べている。[*4] そして、当時の判例や学説における告発の問題は、反原発のプラカード、[*5] ビラ貼り、[*6] 放送局の放映・意見表明の自由[*7]などと同じレベルで論じていたにすぎなかった。

一九八〇年代にも、今日的な意味での「告発」と同種の事件で、現在でもコメンタールに引用されるケースが無いわけではない。現在の日本でいうところの「食品偽装」問題である。デパートの生肉部門で包装業務に従事していた女性が、売り台から売れ残った前日のひき肉がパッケージから取り出され生鮮なひき肉と混ぜられているのを見て、同僚とともに、担当の監察局（ＷＫＤ）を訪れ、日付けが偽装されている旨を通報したために、デパートは検察による捜索を受けることとなった。一九八五年一〇月七日文書で、デパートは事業所委員会に対し、その女性の労働契約の即時解約を告知し、予備的に一二月三一日までの解約告知期間を付した解約を告知した。バーデン・ヴュルテンベルク・ラント労働裁判所は、経営サイドが生肉の偽装を知りながらこれを容認した、との印象を原告の女性は持っていたという事実認定の下に、「顧客の健康が害されえたかもしれず、これによって被告のいくばくかの名声やこれに関連して財産状態が著しく害されたとしても、これらはＷＫＤの干渉により回避された」と判断し、本件解雇を無効と判断した。[*8] しかし、当時の学説では、まだ、内部告発を固有の問題として意識的にとらえて、一つのカテゴリーとして裁判例を整理することはほとんどみられなかった。

*4 Kissel, NZA 1988, S. 150.
*5 BAG Urt.v. 2.3. 1982, NJW 1982, S. 2888.
*6 BAG Urt.v. 26.5. 1977, NJW 1978, S. 239.
*7 BAG Urt.v. 11.8. 1982, NJW 1982, S. 1220.
*8 LAG Baden-Württemberg Urt.v. 3.2.1987, NZA 1987 S. 756.

現在においても、ドイツ法は、アメリカ法やイギリス法、日本法のような公益通報に関する制定法を有していない。しかし、一九九六年にグラザー氏による「Arbeitnehmeranzeigen im US- Recht und deutschen Recht（アメリカ法とドイツ法における被用者の告発について）」というミュンヘン大学に提出された博士論文において、アメリカ法における Whistleblowing の観念が本格的に導入された。このほか、アメリカ法の判例がドイツ連邦行政裁判所のダイザーロート（Deiseroth）判事によって精力的に紹介され[*9]、その後判例・裁判例を通じて、にわかに盛んな議論が展開するに至っている。アメリカのスペースシャトル・チャレンジャーの事故について、とくに低温でチャレンジャーに利用される場合のリングに生じる不具合が生産企業の従業員によって発射時に指摘されその後告発されていたという事実は、ドイツでも一九九〇年代には知られていた。[*10] また、ドイツのテレビのトークショーで、医師助手ヤコビさんは、患者を完治させないまま早期に退院させている病院について告発し、そのクリニックが肺炎の老齢の患者を早期に退院させ再び復院させていた事実などを告発した。彼女はこの告発によりクリニックから解雇され、解雇無効をベルリン労働裁判所に提訴した。[*11] さらに、獣医のヘルプスト博士が、屠殺される動物の検査にあたってＢＳＥの嫌疑を明らかにしようとし、最終的に、ＢＳＥに感染した牛が十分な検査もないまま市場に出たことを公にし、使用者から解雇される事件にまで発展した。[*12] 地区裁判所は、屠殺場からの損害賠償請求については、

＊9　Deiseroth, Betrifft Justiz, Nr. 78 (Juni 2004), S. 296; Derselbe, Zivilcourage am Arbeitsplatz（インターネットによって入手）

＊10　Deiseroth,a.a.O., S. 125.

＊11　Deiseroth, Zivilcourage am Arbeitsplatz, S. 126.

＊12　本判決は入手できなかったが、Vgl.Deiseroth,a.a.O., S. 126. これによれば、労働裁判所においてかかる解雇は有効とされた。

獣医の主張が真実であるとして当該損害賠償請求権を否定したものの、解雇訴訟では解雇を認めたため職場に復帰することはなかった。[*13]

2　Whistleblowing に対する憲法上の価値

初期の学説では、職場を失う不安を克服して、疑いと不服を従業員が申し立てるためには、請願権の保障が必要であると説かれていた。[*14] 基本法一七条では、「何人も、個人で、又は他人と共同して、管轄官署及び議会に対して、文書で請願又は訴願をなす権利を有する」と規定されている。このため、職場での不都合や弊害を告発したことを理由に使用者から不利益な処分を受けることはこの権利の擁護のために許されない旨が、立法者や裁判所によって明確にされる必要があると主張されていた。[*15]

現在、外部に向けられた公益通報のための権利を擁護することは、意見表明の自由の形成と不可分のものであるととらえられている。意見表明の自由に関する基本法上の保障（基本法五条一項）は第三者効により労働契約関係に拡張されると考えられていることから、これを内部告発にも及ぼそうというものである。ドイツの労働事件に関する上告審である、連邦労働裁判所は、「基本法一七条の保護領域が関わるかどうかは……未解明なままである。……むろん、被用者の告発と不服申立て

＊13　Vgl.Deiseroth,a.a,O., S. 126.

＊14　Deiseroth,a.a,O., S. 133.

＊15　Deiseroth,a.a,O., S. 133.

は、原則として基本法五条一項一号の保護領域にある」[*16]と説示している。続けて、「私的な権力の禁止や法の実現の国家化をとおして、市民の安全に配慮し、その権利の顧慮を保障すべき国家の義務が生じる。善良な信条により刑事告発をした者が、その主張が官庁の審査後正しくなかった、あるいは十分に嫌疑を晴らせなかったからといって、不利益を被るのは、法治国家の要請と一致しない。市民による故意の真実ではない刑事告発、あるいは軽率な刑事告発も、法の平和の維持と犯罪行為の解明についての一般的な利益のなかにある。法治国家は、刑罰の遂行にあたってこれを放棄するものではありえない。したがって、刑事告発を行う被用者には、法秩序が認める基本権が認められる」としている。

　内部告発に関する多くの文献を有するダイザーロート判事は Whistleblowing のもつ次のような機能を指摘している。第一に、企業の誤った行為や著しい濫用行為によって生じた危険をインサイダー（内部者）が指摘することによる警告を発する機能である。早い時期に不正や欠陥に注意を喚起することは企業や事業場の事後処理のコストや賠償額の節約につながる。反対に、従業員が何もコメントせず甘受し看過することは、企業に対する忠誠ではなく、単なる無関心であり、複雑な形での「不作為」であるとする。[*17]第二に、企業倫理との関係では、企業外部に対して警告を発することは、企業イメージや企業への市民の信頼性を獲得する上で意味がある、企業のイメージは市場での地位と成果を決めるものであるが、顧客と市場に対

＊16　BAG Urt. v. 3. 7. 2003, NZA 2004, S. 427. ただし、基本法五条一項による基本権の追加的な保護に原告は拠ることはできないと判断している。その理由として匿名の告発であったことを次のように述べている。「このことは、告発者が名前を出さずその個人の意見を述べようとしない、匿名の告発には適用されない。かかる匿名の告発は、基本法五条一項の保護領域にはない。これには主体性（Subjektivität）構成要素が欠けていると判断している」。

＊17　Deiseroth, Whistleblower- Schutz. Betrifft JUSTIZ, Nr. 78, Juni 2004, S. 304.

して両者を媒介している企業がその顧客や市場に対してすべてを可視的なものにするという倫理性と感受性を有することは、公における企業の信頼性の維持・獲得に役立つ。真剣さに対する信頼性と倫理的な感受性は、企業の成功の要素である。[*18] 第三に、現行憲法の根本原理に根拠をおくデモクラシーの倫理にかなっている。デモクラシーは、意見表明の自由、学問・研究の自由という自由でオープンなコミュニケーションのプロセスを前提としている。こうした自由主義的な観念は、公共の利益に資するものである。[*19]

*18　Deiseroth, Whistleblower-Schutz. Betrifft JUSTIZ, Nr. 78, Juni 2004, S. 304.

*19　Deiseroth, Whistleblower-Schutz. Betrifft JUSTIZ, Nr. 78, Juni 2004, S. 305.

3　判例における Whistleblowing の法理の内容

(1)　このような基本法上の価値の観点からとらえられる Whistleblowing の法規制については、アメリカやイギリス、日本のような制定法を有していないものの、前記のような数々の裁判を経ながら、連邦労働裁判所二〇〇三年七月三日の判決によって現在の裁判における解釈の指針となる見解が示されている。事件は次のようなものであった。被告はドイツ全土で青少年などの教育施設を営み、青少年共同施設、ならびに、四五人が雇用される青少年センターを営んでいた。原告の男性はその被告の下で一九九七年五月から雇用されていたが、上司である施設課長Rとの間で労働時間の計算方法をめぐっていさかいが絶えなかった。二〇〇〇年三月二一日、代理人名による匿名で帳簿のコピーを付し、検察官に対しRに関する次のような外国人法違反および背任について刑事告発を行った。三人のポーランド国籍とおぼしき者を被告施設負担でのゼミナールの業務のために雇用された者として帳簿に記入していたが、実際にはセンター改築のために雇われた者であった。本、CD、建築資材、草花の土、フィルムなどを被告の負担で購入・清算したことが記載されていたというものであった。事業場は捜索を受け、背任を理由とした施設課長Rに対する捜査が刑事訴訟法一七〇条二項によって行われた。Rに対しては外国人法違反の幇助罪の嫌疑を理由として捜査し、検察は刑事訴訟法一五三条一項により刑事手続を開始している。秩序違反により罰金がRに対して科された。二〇〇〇年八月一日、被告は二〇〇〇年九月三〇日までの二ヵ月の解約告知期間を付して原告を解雇した。

連邦労働裁判所は、「告発しないことで犯罪遂行を放置することになる犯罪行為を被用者が認知している場合に、前もって企業内で告知し解明することは、被用者には、期待し得ない。これに類することは、重大な犯罪行為のある場合や、使用者自ら犯罪行為に着手している場合にも、いえる。この場合、使用者の利益を顧慮すべき被用者の義務は原則として後退しなければならない。さらに、弊害の除去が正当な方法で期待されない場合には、企業内の事実の解明を告発した被用者には義務づけることはできない。このような状況で企業内において弊害の除去を指摘することは被用者には不相当なことであり、その自由権を不相当に侵害するであろう」としている。過失による原告の告発が、解雇法上重大な程度に契約上の義務を侵害したかどうかの判断を二審のラント労働裁判所が行っていないとして、これらの事実認定を行わせているため、二審のラント労働裁判所にその判断を差戻している。[*20] これは、意見表明の自由を制限すべきとの従来の考え方とは異なり、原則として事業所内での告発と事実の解明を要するとしながらも、それが被用者に期待しえないと考えられる場合には、事業所外への告発を適法とすることを意味している。

この問題については、意見の分かれるところである。一部の学説においては、企業内での事実の解明が一般的に優先されると主張されている。たとえば、プライス（Preis）教授は「この問題には忠実義務の範囲と限界が問題になり、したがって必然的に保護されるべき信頼が問題になっている」と指摘する。[*21] その信頼が客観的に保護に値すべき場合のみ、使用者は信頼保護を要求しうる。企業の損害を回避するという観点から、法違反の実情をその企業において使用者に対して指摘することも被用者の付随義務の内容を構成している。したがって、使用者は、あらゆる手段を通じて企業内での弊害の除去をまず第一に試みるよう被用者に要求できるという。[*22] これに対し、連邦労働裁判所は、前述の二〇〇三年七月三日の判決の別の箇所において、企業内での事実の解明が一般的に優先されるべきであるというのは、「憲法の枠組みや基本権上の被用者の地位にそぐわない」とし、企業内での事実の解明が

＊20　BAG Urt. v. 3. 7. 2003, NZA 2004, S. 427.

＊21　Preis, DB 1988, S. 1444 (1448).

＊22　Preis, DB 1988, S. 1448.

つねに要求されるわけでなく、「どのような場合に被用者に企業内における事前の告発が困難なく期待されうるのか、ある不作為が義務違反の行為を意味することになるのかは個々の場合にこれを決する」と述べた上で、右のような要件を打ちだす判断を示したのであった。

連邦労働裁判所副長官のデュルナー判事は、原則として企業内の事実の解明は可能である限り必要であるとしながら、告発しないときには犯罪が遂行される場合、重大な犯罪行為のある場合や、使用者自ら犯罪行為に着手している場合には、企業内での事前の事実解明のための告発は被用者には期待しえないと述べて、判例を支持している。[*23]

他の判例においては、いかなる事情があれば外部機関への告発が許されるのかという点が争われている。個々の事情を判断して、重大な犯罪行為のある場合、使用者自ら犯罪行為に着手している場合、あるいは、弊害の除去が正当な方法で期待されない場合には、企業外への告発は許されるという先の連邦労働裁判所判決を引用した上で、企業の代表とその妻が数年にわたり三〇もの犯罪行為や五万マルクの背任をしており、刑法二六六条一項による背任の罪で五年までの懲役刑が迫っている場合で、しかも、その妻が企業の代表として重大かつ多くの犯罪行為に着手している場合、企業内での告発の義務はなく、刑事告発は許されると判断されている。[*24] また別の事件では、法律違反を使用者が知り、また、使用者が容認しているとの印象

＊23　Ascheid/Preis/Schmidt, Kündigungsrecht, 3. Aufl., 2007, München, BGB § 626 Fristlose Kündigung aus wichtigen Grund, Rn. 191.

＊24　BAG Urt.v. 6.2. 1997, AuR 1997, S. 210.

＊25　LAG Baden-Württemberg, NZA 1987, S. 756.

を被用者が抱く場合には、企業外への通報（監督官庁への告発）が許されると判断されている。*25

(2)　これらの問題とは別に、告発された対象事実が真実ではない場合、ただちに、告発の正当性が失われるかどうかも問題とされている。後の連邦労働裁判所の判例では、告発は、非難の不実性、その認識可能性、あるいは、不相当な権利濫用の認識がある場合には、原則的に正当ではないとみなす、という判断枠組みを示し、原審に差し戻している。*26 この判決は、既述の二〇〇三年七月三日の連邦労働裁判所の判例を前提として、*27 告発の後、ある犯罪行為が実際には存在していない場合、あるいは、有罪判決にはならない場合がありうるが、このような場合には、その批判が真実ではない場合、あるいは、真実ではないことが容易に認識しうる場合、また、不相当な権利濫用的な告発であることを被用者が知っている場合に限り、告発の正当性は認められない、という見解を採用したことになる。他の下級審の判決においても、使用者に向けられた「根拠のない告発による非難」が、批判されるべき根拠（たとえば、復讐、損害付与の意図）から申し立てられたような場合には、被用者の外部機関に対する使用者に関する告発は不適法であると判断されている。*28

＊26　BAG Urt. v. 7. 12. 2006, DB 2007, S. 808. この事件では、原告は救急車の運転手として、共同の団体で就労していたが、団体の会計人から、団体の代表による業務執行の会計の不正を知った原告が、二〇〇一年九月に団体の代表とその夫について背任の刑事告発を行い、代表が三〇の事案での背任を理由として六ヵ月の懲役刑を受けたというものだった。告発を理由としておよび、団体の計算によるボックブルストといわれるウインナーの偽装にかかわったことを理由として、被告団体は原告を即時解雇した（付随的に解約告知期間を定めて解雇している）。上告審では、ウインナーの偽装が解雇を正

4　おわりに

アメリカ法、イギリス法、日本法と比べると、ドイツ法では Whistleblowing に関する制定法は存在せず、法理も時期的には遅れて発展しつつある。ドイツ法上の確定した判例は、個々の事情を判断して、場合によっては被用者による企業内での告知を必要とし、基本法上の意見表明の自由、法治国家原理を保障するために、告発により、被用者に対する使用者の不利益的取扱いは許されないという立場に立っている。個々の企業が不正を隠蔽する体質をもっており、企業が告発者に対して報復として解雇その他の不利益処分を科そうとする性質をもっているのは、日本の企業社会固有の現象ではないことがわかる。ドイツ法上は、個々の場合を判断して企業内部での告発を念頭におき、外部への告発を原則とはせず、むしろ外部への告発の強制は意味がないという立場が採用されている。[*29] その理由は、「同僚が十分に理由付けされた批判を真剣に受け止め、批判を回付し、または、従業員自ら修正と改善をすることができるという、従業員が正当な信頼を有している場合には、建設的な内部批判が原則になり、外部への Whistleblowing はむしろあってはならないものとなる」[*30] というものである。

ドイツでは、事業所委員会（Betriebsrat）と呼ばれる労働組合とは別個の従業員

当化しうるかどうかを判断するため、差戻されている。

＊27　BAG Urt. v. 7. 12. 2006, DB 2007, S. 808.

＊28　LAG Frankfurt DB 1987, 1696. この事件ではこれが即時解約告知の理由となると解している。学説では、このほか、法律違反の程度がわずかので、企業や使用者に生じる損害（たとえば風評被害）がとくに高い場合、告知は不相当であるとする（MünchHbArbR, Bd.1, München, 2000, § 53, Rn.70)。

＊29　Deiseroth, Betrifft Justiz, Nr. 78 (Juni 2004), S. 304.

＊30　Deiseroth, Betrifft Justiz, Nr. 78 (Juni 2004), S. 304.

代表組織があるが、事業所委員会の参加・関与の下に、事業所における不正や弊害の告発を行うことがあり、訴訟においても、事業所委員会の参加・関与が事実において窺われる事件もある。[*31] 事業所委員会の参加・関与の下に告発が企業に対してなされた場合でも、もちろん、告発者である従業員を解雇などの不利益から保護し、その意見表明の自由を真に確保しようとするものである。企業内での内部告発が功を奏するのは、日独ともに、企業内での内部浄化により不正・欠陥を除去しうる企業環境ないし企業文化を有するという前提条件が存在するかどうかにかかっている。ドイツの判例においては、企業内部での事実の解明を個々の場合に優先させる慎重なあり方が示されているが、企業内の内部浄化と事実解明を期待できる事業所内の労使関係や個人主義的な企業文化の前提条件が一定程度形成されているものと思われる。

しかし、もちろん、国民の健康や安全その他の法違反の告発により、企業が一定の事実上のサンクションを被るのは、社会内部での浄化作用の結果を意味し、それがひいては国民の安全や国の健全な経済秩序に貢献することを意味しうる。企業外への告発が、その企業の商品やサービスに対する消費者による過剰な拒否行動を引き起こし、当該企業が真摯な反省のもとに復活・再生する可能性を与える。確定したドイツの判例によれば、重大な犯罪行為のある場合、使用者自ら犯罪行為に着手している場合、および、弊害の除去が正当な方法で期待されない場合に、企業外へ

＊31　LAG Baden-Württemberg Urt.v. 3.2.1987, NZA 1987 S. 756.

の告発は許される。企業外への告発が許される要件は決して厳格とはいえない。このため、企業外への告発も容易となり、企業外への告発を理由とした告発者（従業員）に対する解雇や不利益処分は許されないものとされる。その際、ドイツ法では、日本法とは異なり、告発先が行政機関であるか、民間の機関（たとえば、マスコミ）であるかは、要件の上で区別されてはいない。

最後に、告発された対象事実が真実ではない場合、ただちに、告発の正当性が失われるかどうかも問題となるが、この場合に、ただちに、告発の正当性が失われない点ならびにその要件でも日独間では類似している。ドイツの判例では、非難の不実性、その認識可能性、あるいは、不相当な権利濫用の認識の有無を被用者について判断し、告発の正当性が判断される。こうしたドイツの判例における要件は、日本の刑法学や労働法学でいう「真実と信じるに足りる相当な理由」の要件とほぼ同様であり、ともに適切な判断を導き出していると思われる。これらの要件により、法秩序が原則的にマスメディアへの企業外の告発や刑事告発を正義にかなって許容することになり、法治国家原理の空洞化を妨げることになると考えられる。

終章　公益通報者保護法定着への課題

角田　邦重

1　制定・施行は事態を改善したか

公益通報者保護法制定の背景となったのは、近年、企業が利益を優先させるあまり、食品の虚偽表示や自動車部品の不具合などの重要な事実を隠して消費者の生命や健康に深刻な被害を発生させる事件が頻発し、その情報が、しばしば、実際に製造現場で働いて情報を知りうる立場にある労働者の告発によってもたらされたことによるものであった。このような内部告発は、社会的レベルで考えれば、過剰な利益追求に走る企業の不正な行動に歯止めをかける有意義な貢献をしたことになるとはいいながら、非難の的となる企業内部のレベルでは、反対に「暗くてずるい人」といったネガティブな評価[*1]や、企業の利益を損なう行為として報復処分の対象になりやすい。誠実な労働者であればあるほど、内部告発により、社会的責任や職業的倫理観と、所属する集団への忠誠との間で心理的葛藤に悩み、報復処分への不安に苛まれることになる。公益通報者保護法の制定は、内部告発につきまといやすい

＊1　内閣府国民生活局による「平成一四年国民生活モニター調査」内閣府国民生活局の公益通報者保護制度ウェブサイトに公開されている（http://www5.cao.go.jp/seikatsu/koueki/index.html）。岡田浩一・王晋民・本多－ハワード素子『内部告発のマネジメント――コンプライアンスの社会技術』（新曜社、二〇〇六）一六三頁以下にも収録・分析がなされている。

＊2　内閣府国民生活局のウェブサイトには、公益通報者保護法が施行される以前から、内部通報制度を先行的に実施していた和歌山県、福岡県、横浜市など一〇地方自治体の事例が紹介されてい

「密告」といったネガティブなイメージを転換して社会的責任に沿った企業行動の確保に寄与するものと積極的に位置づけ直し、高次の次元で、健全な企業活動による利益と社会的利益の相乗効果を高めようとするものである。

法の制定（二〇〇四年六月）、施行（二〇〇六年四月）からそれほど年月を経ていない段階で、法制定によってどのような効果が現れているかを論じるのはいまだ早すぎるし、裁判所で法の適用が問題となった事例も、実態に関する新たな調査の報告もなされているようには思えない[*2]。しかし、二〇〇七年早々から大きく報道されている不二家食品の消費期限切れ牛乳使用の事例を見る限り、二〇〇〇年に発生した雪印乳業・集団食中毒事件の教訓がまったく生かされていないことがわかる。二〇〇六年一一月に社内の調査で判明していたにもかかわらず、クリスマス商戦を乗り切るため隠蔽を図ったり、報道機関への内部告発によって明らかになると、責任は現場作業のパートタイマーにあったと責任転嫁の発言で逃げ切りを図るなど、事後の対応もそっくり同じである。雪印乳業は、食中毒事件の二年後に起こった子会社（雪印食品）の牛肉偽装事件で再び消費者の信頼を損なったことで、グループ全体が存続の危機に立たされ企業再編を余儀なくされる事態になったが、不二家もまた同様の途をたどりつつあるのではないか、との危惧の念を禁じえない。

公益通報者保護法は、決して内部告発を奨励しようとしているわけではない[*3]。それどころか、企業内部の法令遵守意識を高め、外部告発の芽を事前に除去する体制

るが、アンケートに対して、職員の法令遵守に関する関心が高まった（七〇%）、職員が法令遵守を意識した行動をとるようになった（三〇%）、市民の公務員に対する信頼が高まった（三〇%）といったが回答が寄せられている。

＊3　内閣府国民生活局が企業に対して行ったアンケート調査（二〇〇二年）で、法整備は必要ないと答えた企業（七一三社中の五九社）は、企業内部での処理が原則で外部通報者を保護する必要はない、中傷・誹謗などの制度の濫用が増える、内部告発を奨励することになるといった理由を挙げている（前掲ウェブサイト、岡本ほか・前掲＊1二一三頁以下参照）。

作りをうながす立場から、公益通報者に対して、内部通報、監督官庁への通報、外部通報の順番に、保護の要件は厳しいものとなっている（三条）。しかし、この要件の厳格な解釈によって「企業秘密漏洩防止法」あるいは「内部告発抑制法」になってしまっては、[*4]せっかくの法の趣旨が生かされず、窒息状態に陥ってしまうことになりかねない。定着のための条件と環境整備はどうあるべきかを検討する必要性は高いというべきであろう。

この観点から、本法の運用にあたって考慮されなければならない解釈上の問題点を整理し、その上で、定着のために必要な環境整備について検討することにしたい。

*4　本書第4章四五頁。

2　法運用と解釈上の問題点

(1)　従来の法理と本法の関係

法の運用にあたっては、まず、本法があらゆる種類の内部告発をカバーしているわけではなく、その一部を取り出して定めたものだという点に留意しなければならない。公益通報者保護法によって保護されない内部告発が違法と評価されるわけではないことは、国会審議でも繰り返し確認されており、[*5]内部告発を理由とする解雇を無効とし、不利益な取扱いを債務不履行や不法行為にあたるとして損害賠償を認

*5　本書第4章四六頁参照。

めてきた従来の判例法理は、何ら変わるものではない。

それでも、実際の運用にあたって生じる問題点は少なくない。そのいくつかを公益通報者保護法の骨子になっている、①保護を受ける告発の主体（労働者）、②不正の目的ではないこと、③告発の対象事実、④通報先と通報先ごとの異なる要件、⑤保護の内容の順番で考えることにしよう。

(2) 保護の主体

①の保護の主体については、直接の雇用関係にある労働者以外に、派遣先と派遣労働者、請負・委任といった取引関係にある事業主に雇用されている労働者が労務提供先の不正を告発する場合も、保護の対象に含まれている。人件費抑制の観点から、さまざまな雇用身分やアウトソーシングによる他事業主の労働者（場合によっては偽装請負のような一人だけの請負業）が、同じ職場で混在して働いている実情に合わせた規定である。

取引先事業主が除かれているのは、力関係で従属的立場にある労働者と異なっており、契約自由の原則に対する規制は慎重にならざるをえないとの判断だと説明されている。しかし、雪印食品の偽装牛肉事件の場合、所属長から偽装をもちかけられた社員は沈黙を守り、不正は取引先の告発によって明らかになった事実が示すように、取引先の方が、雇用されている労働者の「同調と服従」の心理からはるかに自由でいられるであろう。取引先が公益通報者保護法による保護の対象にならないことを考えれば、匿名での通報や、[*6] 企業のコンプライアンス制度の整備にあたっても、そのことを念頭においた制度設計を考慮すべきであろう。

(3) 公益の目的

これまでの判例が、名誉毀損に該当する行為であっても、公共の利害に関する事実に関し「専ら公益を図る目的」で行われたものについては、真実性の証明があればこれを罰しない（刑法二三〇条の二）とする規定から出発していたのに対し、公益通報者保護法では、不正の利益を得たり、他人に損害を加えるなどの「不正の目的でなく」行われたものであればよい、と消極的要件の定め方に変わっている。もっとも、これまでの判例の事案でも、公益目的とならんで、使用者との交渉を有利に導くためや人事政策に対する非難を込めてなされる内部告発が少なくないし、その場合にも目的の正当性が否定されてきたわけではない。この点から見れば、実質的な変更をもたらすものでもないであろう。ただ微妙なケースが少なくないだけに、「不正の目的」でなされたことの証明責任は使用者にあることが明確になった意味は小さくないであろう。[*7]

＊6　雪印食品の牛肉偽装の不正を通報した取引先は（西宮冷蔵）、雪印食品の解散に加えて、他の冷凍食品会社や食肉会社からも大手を中心に荷の引き揚げを受けるなど経済的損失を被っている。内部申告者の保護が比較的整備されているアメリカでも、支援団体は、申告にともなうリスクを認識した上で匿名による申告を薦めていると紹介されている（岡本ほか・前掲＊1二一二頁）。

＊7　内閣府国民生活局・逐条解釈（前掲ウェブサイト）。本法施行前ではあるが、アンダーソンテクノロジー事件（東京地判平一八・八・三〇労判九二五号八〇頁）では、人事処遇への不満からフリールポライターに

(4) 通報の対象

公益通報者保護法で保護される通報の対象事実は、国民の生命、身体、消費者の利益、環境の保全、公正な競争の確保などにかかわる法律違反で刑罰が予定されている事実、およびこれらの法律に基づく行政処分の違反に刑罰が科されることになっている行政処分の理由となる事実だけに限定されている（二条三項一号、別表）。各種税法や政治資金規正法など刑罰が予定されている法律違反でも、もっぱら国家の機能にかかわることを理由に公益通報者保護法の範囲外におかれている。刑法の名誉毀損罪の場合、公務員または公選による公務員の候補者に関しては、とくに「専ら公益を図る目的」は不要とされ、真実の証明だけを要求しているにすぎない（二三〇条の二第三項）ことを考えれば、従来からの法理が適用される領域は依然として広いということができよう。

企業のコンプライアンス体制の整備という点からも、本法の適用範囲にこだわって通報範囲を限定する必要はないし、望ましいものでもない。たとえば、セクシュアルハラスメントに対しては、雇用機会均等法が事業主に性的言動に起因する不利益な処遇や雇用環境が害されることがないよう体制の整備と雇用管理上の措置を要求しているが（同法一一条）、違反には刑罰が予定されているわけではなく、行為者と使用者に対しても民法による損害賠償責任の追及にとどまり、刑事罰は性的犯罪行為にあたるセクハラ行為を告発した場合に限られている。

会社のスキャンダル情報を提供したことにつき、会社への不満と糾弾の目的でなされた報復的行為として正当性が否定されている。

(5) 通報先

通報先が事業所内部・行政監督官庁・事業所外部といった段階ごとに、公益通報に関する保護要件が厳しくなっている。すなわち、①事業所内部の通報には、「通報対象事実が生じ、又はまさに生じようとしていると思料する」だけでよいが、②監督官庁への通報には、通報対象事実が発生または生じようとしていると「信じるに足りる相当の理由がある」ことを要し、③外部への通報には、さらに、(i)前二者の通報をすることで解雇や不利益な取扱いを受けるおそれ、(ii)証拠を隠滅・偽造・変造されるおそれ、(iii)正当な理由なく公益通報をしないよう要求された、(iv)内部通報後二〇日放置されている、(v)生命・身体に危害を加えられる危険があるといった、五つのいずれか一つの事情がなければならないとされている。企業にコンプライアンスのための体制を自主的に整備することを求める誘導政策が採用されたことによるものである。

その趣旨がわからないわけではないが、そこから、事業所外への通報には、そもそも事業所内部への通報では違法行為の是正が期待できないなど特段の事情がある場合に例外的に許されるものという一般的命題を引き出すのは[*8]、現実性を欠いているというべきであろう。内部通報の体制が義務づけられているわけではないし、肝心の経営者の意識がいまだコンプライアンスの確立とほど遠い状態にあることも不二家食品の事例が示す通りであって、法の制定によって事情が一変してしまうもの

＊8　男澤才樹「内部告発・公益通報の法的保護──公益通報者保護法制定を契機として」ジュリスト一三〇四号（二〇〇六）一五六頁。

ではない。仮に就業規則で、内部通報を義務づける規定を設ければ、その手続を経ない外部への告発は法的保護を受けないといった取扱いが許されることになれば、制定されたばかりの法の定着を妨げることになりかねないであろう。また先に通報先の段階ごとに加重された要件について、労働者に証明責任が負わされることによる負担とリスクも見逃せない。使用者の不正行為に関する資料を入手した労働者の行為が、権限なしに内部資料を持ち出した、あるいは窃盗行為にあたるとして懲戒処分の理由とされたケースもある。[*9] 内部告発の保護を受けるための加重された要件に備えるための労働者の行為について、公益通報者保護法には何の規定もない。この点を形式的にとらえると、就業規則違反として責任を問われかねないであろう。しかし、この場合でも、解雇権濫用法理の適用を受け（六条二項）、これまでの判決のように、不正疑惑を解明するためという目的や対象事実の重要性、取得方法などの総合的事情を顧慮して柔軟に対応すべきであろう。[*10]

(6) 救　済

公益通報者保護法の予定する保護は、公益通報を理由とする解雇の無効（三条）と、降格・減給、その他の不利益な取扱いの禁止（五条一項）、ならびに通報が派遣労働者による場合の労働者派遣契約の解除の無効（四条）と、派遣労働者の交代、その他不利益取扱いの禁止（五条二項）である。あわせて、同法でカバーされてい

＊9　たとえば、医療法人思誠会（富里病院）事件・東京地判平七・一一・二七労判六八三号一七頁、宮崎信用金庫事件・福岡高宮崎支判平一四・七・二労判八三三号四八頁。

＊10　医療法人思誠会（富里病院）事件判決については、本書第**7**章「労働者個人が主体となる内部告発の正当性の判断枠組み」八六頁、宮崎信用金庫事件判決については、本書第**8**章「内部告発を目的とした顧客情報の取得とその正当性」九八頁。

ない公益通報には解雇権濫用法理が適用されることが確認されている（六条二項）。

以上はいずれも報復処分の無効と損害賠償請求といった民事的救済であるが、監督官庁への法令違反の申告・告発を理由とする報復処分に刑事罰を科している法律がある場合には（たとえば労働基準法一〇四条二項、一一九条）、その適用が排除されるわけではない（六条一項）。下請け企業の労働者による元請け企業の不正の通報も公益通報者保護法の対象に含まれているが（二条一項三号）、救済の方法となると難しい。直接の雇用主である下請け企業による解雇や不利益取扱いは禁止の対象となるが、元請け企業の要求で行ったと正直にいうことはないであろうし、請負契約が解除されてしまうことについては救済は及ばないからである。

もっと重要なのは、救済の法的整備がなされていればすむものではない現実である。会社の談合を告発したトナミ運輸事件の原告が、二五年間の報復的処遇の違法性を訴えたのは定年五年前になってからであったし[*11]、抗生物質の過剰・不適切な投与が行われていることを医師が保健所に告発した医療法人思誠会（富里病院）事件では、解雇無効を訴えた原告に対し、病院側は新聞報道による名誉毀損を理由に謝罪広告の掲載と損害賠償を求める反訴を提起している[*12]。どちらも、上司や病院に是正を求めているにもかかわらず、改めるどころか報復処分を招いている。

制定されたばかりの公益通報者保護法を実際に定着させていくためには、この二つの事例が決して特異なケースとはいえない現実から出発しなければならないであ

＊11　本書第**9**章「内部告発を行った労働者に対する不利益措置の適法性——トナミ運輸事件」（二一二頁）では、二五年間に及ぶ仕事と給与の双方にわたる差別的処遇の違法性が争われたものであった。

＊12　前掲＊9医療法人思誠会（富里病院事件）事件判決。

ろう。

3　環境整備の重要性

(1)　法制定の効果の検証

法の制定の趣旨は、企業の不正防止に有効な役割を果たす内部告発の公益性に着目して、密告というネガティブなイメージの転換を図ると同時に、企業にコンプライアンス体制の整備によって自ら不正防止への取組をうながすものであった。法の制定自体のもつアナウンスメント効果への期待と、相変わらず頻発している杜撰な食品業界の生産管理体制の実態は、この法の定着が生易しいものではないことを示している。[*13]

施行されてそれほど年月を経ていない現在の段階で、法制定の効果を論じるには早すぎるが、公務員制度改革法（1978. Civil Service Reform Act）と内部告発者の保護を強化した改正法（1989.Whistle-blower Protection Act）が制定されたアメリカで、内部告発にどのような変化ないし効果を及ぼしたかに関する研究が行われている。興味深い点をいくつかあげると、①認知された不正行為は少なくなる、②認知された不正の申告の可能性は高まるという予測は、不正を見たという報告が年を経るごとに減少し、反面で申告者の割合は増えているという有意味な結果に現れている

＊13　それはかりか、明らかな通報対象事実に違反する行為を通報した者に対して、企業による報復的措置が依然として後を絶たない実情も報じられている（読売ウィークリー二〇〇八年六月一五日号）。

が、③実名申告者の割合が増大するという仮説に反して、年を経るほど匿名申告者が増加し、④報復の報告が少なくなるとの事前の予想に反し、報復に関する報告が増えているのは、匿名申告ができるホットライン設置の影響や法整備に伴って軽微な不当扱いも報告されるようになった可能性がある、といったものである。[*14] いずれにせよ、法制定の効果を上げるためには、普及活動とならんで、この種の調査・研究の実施が不可欠であろう。[*15]

(2)　重要な環境の整備

内閣府国民生活局が法施行に備えて作成・公表している「公益通報者保護法に関する民間事業者向けガイドライン」（平成一七・七・一九）では、通報の受付から調査、是正措置の実施と再発防止策の策定など、コンプライアンス体制の仕組みを整備する必要性を強調したものとなっている。通報窓口と相談窓口を設置して周知徹底を図ること、通報者に対する解雇や不利益取扱いの禁止を定めた内部規定の整備、秘密保持の徹底などがあげられている。通報窓口を法律事務所、労働組合など外部に設置することも可能とされているのは、健康情報が企業側に筒抜けになることをおそれる労働者が事業所内のメンタルヘルス相談室の利用を躊躇してしまうのと同じ理由から、外部に設けることで通報窓口の信頼性を高めるためであろう。それならば、匿名による通報にも道を開いておくことも考慮すべきである。

＊14　Miceli, Rehg, Near, & Ryan. Can law protect whistle-blowers? (1999) による研究については、岡本ほか・前掲＊1八二頁以下で紹介されている。

＊15　朝日新聞が国の一府一二省庁と二一の外局に文書・電話で尋ねたところ、通報の内部窓口はすべての府・省庁と七外局で設置されているが、外部にも窓口を設置しているのはわずか三府省庁（内閣府・総務省・金融庁）にすぎず、昨年一二月までの通報件数は合計四九件、うちおよそ九割は外部窓口かそれに準じうる態勢をもつ三府省庁で占められているという（二〇〇七年二月一九日）。

制度の整備もさることながら、それ以上に、経営者のコンプライアンスに対する鋭敏で強い意識がなければ、制度の十分な機能は望めない。外部に対する告発が、場合によっては企業の存続にかかわるというのは、経営者にとって一種の強迫観念に違いないが、強い意識改革をうながすものでもあることも否定できないであろう。イギリスの「職場の公的関心」（Public Concern at Work）のような内部告発の相談・支援を行うＮＰＯ組織や、企業のコンプライアンスをビジネスとして展開するところも現れているが、[*16] このような社会的環境の整備こそ、本法の定着を確かなものにするために欠かせないというべきであろう。

＊16　大阪で設立された「公益通報支援センター」www006.upp.so-net.ne.jp/pisa/（二〇〇二年一〇月）、ダイヤルサービス（株）による「企業倫理ホットライン」（二〇〇三年一月）など。

索　　引

あ　行

か　行

さ　行

た　行

な　行

は　行

ま　行

や　行

ら　行

わ　行

内部告発関連判例一覧

山陽新聞社事件

広島高岡山支判昭43・5・31労判59号8頁（**本書74頁**）

労働組合が，会社の報道内容，報道姿勢への批判，合理化による首切り・良心的記者に対する不当配転に対する抗議等を内容とするビラを通行人に配布したことを理由として会社が組合役員を懲戒解雇したことにつき，組合役員の地位確認が認められた事例。

日本計算器事件

京都地峰山支判昭46・3・10労判123号6頁（**本書5，48，74頁**）

労働組合が，工場内の有毒ガスにより従業員が危険にさらされていること，工場廃液の不完全な処理により地域の水稲に被害が生じていることなどを記載したビラを住民に配布したことを理由として会社が組合役員を懲戒解雇したことにつき，組合役員の地位確認が認められた事例。

聖路加国際病院事件

東京高判昭54・1・30労判313号34頁（**本書93頁**）

労働者のビラの作成，無許可の配布および論評の投稿は，病院の信用，名誉を汚損するものであるが，その動機，目的，ビラの配布方法などを勘案すると，情状酌量すべき余地があるから，当該労働者に対し懲戒解雇について定める就業規則の規定を適用したのは，裁量権の行使を誤ったものと認められた事例。

古川鉱業足尾製作所事件

東京高判昭55・2・18労民31巻1号49頁（**本書104頁**）

労働組合の組合員が会社の重要な機密を漏えいしたことが，就業規則中に謳われた営業秘密の保持義務に違反し，就業規則の定めに従った懲戒処分が有効とされた事例。

医療法人思誠会（富里病院）事件

東京地判平7・11・27労判683号17頁（**本書47，86．199頁**）

勤務医が，病院内で患者にＭＲＳＡ保菌者が増えた原因は抗生物質の過剰・不適切投与にあるとして，保健所へ申告したことを理由として病院が勤務医を解雇したことにつき，解雇無効とされた事例。

首都高速道路公団事件

東京地判平9・5・22労判718号17頁（**本書93，108頁**）

在職中に行った，公団の道路計画を批判する新聞投書が，使用者の名誉を毀損し，職場秩序を乱したものであるとして当該職員を停職３ヵ月の懲戒処分に付したことは相当な処分であり，これにともなって年末特別手当を支給しなかった措置は労働基準法91条違反にはあたらないとして，これに対する損害賠償請求が棄却された事例。

医療法人毅峰会事件

大阪地決平９・９・14労判735号89頁（**本書95頁**）

労働者による保健所に対する行政指導要請とカルテ持ち出し行為について，病院の違法行為を知った病院職員が内部告発することを業務命令で禁ずることはできないと解されるうえ，不当でも病院に重大な不利益をもたらしたともいえず，解雇が解雇権濫用により無効とされた事例。

東北福祉大学事件

仙台地判平９・７・15労判724号34頁（**本書58頁**）

大学の専任講師が，スポーツ特待生問題や隠し口座問題に関し，学長および学長補佐を背任および横領の嫌疑で刑事告発したことを理由として法人が懲戒解雇したことにつき，地位確認が認められ，未払賃金の支払いが命じられた事例。

延岡学園事件

宮崎地延岡支判平10・６・17労判752号60頁（**本書122頁**）

常勤講師の雇止め撤回を目的として作成され県当局および父兄に配付された文書に，虚偽の事実や誤解を招きかねない事実が記載されており，学園の名誉・信用を失墜させるものであるとして，これを指導した教職員組合委員長の懲戒解雇を有効とした事例。

千代田生命保険事件

東京地判平11・２・15判時1675号107頁（**本書49頁**）

生命保険会社の退任取締役が週刊誌記者に会社の内部情報を漏洩したことにより，

会社の醜聞を記載した週刊誌記事が公表されて会社の名誉・信用が毀損された事案につき，退任取締役の行為は，在職中に知りえた内部情報についての守秘義務に違反する違法な行為というべきであるとされた事例。

三和銀行事件

大阪地判平12・4・17労判790号44頁（本書52，93，122頁）

銀行の経営姿勢や人事政策，労務政策を批判する内容の手記を雑誌に掲載したことが就業規則に定める名誉・信用毀損行為にあたるとして銀行側が従業員を戒告処分した事案で，戒告処分の無効が確認された事例。

群英学園事件

東京高判平14・4・17労判831号65頁（本書49，96，107頁）

控訴人学校法人の職員である被控訴人らが不正経理問題をマスコミに発表したことに関し，法人理事に対する誹謗・中傷および辞任強要と，虚偽情報により関係法人の労働組合との紛争を生じさせたことを理由として被控訴人らに対しなされた普通解雇の効力が争われた事案において，被控訴人らには懲戒解雇事由があるとして，解雇を有効とした事例。

宮崎信用金庫事件

福岡高宮崎支判平14・7・2労判833号48頁（本書47，95，98，199頁）

組合執行委員長がした不正融資等の疑惑追及のためのホストコンピューターへの無断アクセスと不正疑惑に関する資料の議員秘書および警察への提出につき銀行側が従業員を懲戒解雇処分にした事案で，懲戒解雇の無効を確認し，未払賃金の支払いが命じられた事例。

杉本石油ガス退職金事件

東京地判平14・10・18労判837号11頁（本書57，74頁）

従業員が，支店長名義の「お客様各位へ」と題する書面を顧客に送付するにあたり，米の販売に際して古米を混ぜているなどを記載したことを理由に退職金を不支給とした事案で，退職金の支払が命じられた事例。

いずみ市民生協事件

大阪地堺支判平15・6・18労判855号22頁（本書48，93頁）

職員が，副理事長による生協資産の私物化を批判する文書を関係者に配布したこと

につき懲戒解雇とされた事案で，懲戒解雇を実質的に行った副理事長および専務理事に対する損害賠償請求が一部認められた事例。

メリルリンチ・インベストメント・マネージャーズ事件

東京地判平15・9・17労判858号57頁

従業員が職場におけるいじめや差別的待遇について弁護士に相談した際に人事情報や顧客情報を手渡した行為が秘密保持義務違反にあたるとして会社から懲戒解雇された事案で，地位確認が認められ，賃金支払いが命じられた事例。

生駒市衛生社事件

奈良地判平16・1・21労判872号59頁（**本書57，96，124頁**）

ごみ収集運搬業者の従業員が，会社が事業用廃棄物を一般家庭廃棄物に混入し，市に支払うべきごみ処理手数料を免れていたとの疑惑に関して，市議会閉会直後の会場でとった言動につき，市議会に迷惑をかけ，会社の信用を棄損したとして解雇されたという事案で，地位確認が認められ，賃金支払いが命じられた事例。

海外漁業協力財団事件

東京地判平16・5・14労判878号49頁

財団法人の職員が，現常勤理事らがした行為は卑劣で不当かつ違法である旨などを記載した文書を非常勤理事らに送付したところ，財団が職員を停職3日の懲戒処分に処したため，右処分は無効であるとして，その無効確認および不支給賃金の支払等を求めた事案で，懲戒事由を定めた就業規則に該当しないとして，請求を一部認容した事例。

日本医科大学事件

東京地判平16・7・26判時1886号65頁（**本書48頁**）

勤務医師が，同僚医師の医療過誤を患者家族に伝え，報道機関へ提供した行為に関して，大学らが名誉・信用を棄損されたことを理由として提起した損害賠償請求の事案で，医師に対する請求が棄却された事例。

トナミ運輸事件

富山地判平17・2・23労判891号12頁（**本書7，48，112頁**）

従業員が会社によるヤミカルテルの締結を新聞社等へ内部告発した報復として，会社が長期間にわたり昇格させず，不当な異動を命じて個室に隔離して雑務に従事させ

るなど，不利益な取扱いをしたとして損害賠償請求をした事案で，請求が一部認容された事例。

アワーズ（アドベンチャーワールド）事件

大阪地判平17・4・27労判897号26頁（**本書52頁**）

労働者による象の飼育・死亡に関するテレビ局への内部告発が，内容の重要部分において真実であるとも，真実と信ずる相当な理由があるとも認められず，内部告発が正当性を有するとはいえず，ほかに解雇権濫用に該当するとすべき事情も認められないとして，懲戒解雇が解雇権の濫用にあたるとはいえないとされた事例。

アンダーソンテクノロジー事件

東京地判平18・8・30労判925号80頁（**本書49，196頁**）

取締役解任後になされたフリールポライターへの会社情報の提供等を理由とする懲戒解雇につき，人事異動の打診を契機とした会社および代表者への不満と糾弾のための報復措置と考えられるものであり，不正の是正手段としての相当性を欠き，会社に重大な信用上および経済上の不利益を与えたことから有効とされた事例。

＊一覧作成にあたり，日本弁護士会連合会消費者問題対策委員会編『通報者のための公益通報ハンドブック』113頁以下（民事法研究会，2005）を参照した。なお，内閣府国民生活局企画課編『公益通報関係裁判例集』（商事法務，2006）も参照のこと。

執筆者紹介

（執筆順，＊は編者）

＊角田《すみだ》　邦重《くにしげ》　中央大学法学部教授　はしがき，終章

＊小西《こにし》　啓文《ひろふみ》　明治大学法学部専任講師　はしがき，第1，2章

廣石《ひろいし》　忠司《ただし》　専修大学経営学部教授　第3章

森井《もりい》　利和《としかず》　弁護士　第4章

土田《つちだ》　伸也《しんや》　愛知県立大学外国語学部准教授　第5章

川田《かわだ》　知子《ともこ》　亜細亜大学法学部准教授　第6章

長谷川《はせがわ》　聡《さとし》　中央学院大学法学部専任講師　第7，10，11章

畑中《はたなか》　祥子《ようこ》　白鷗大学法学部専任講師　第8，12，13章

春田《はるた》吉備彦《きびひこ》　沖縄大学法経学部准教授　第9章

高橋《たかはし》　賢司《けんじ》　立正大学法学部専任講師　第14章

2008年9月20日　初版第1刷発行
2008年11月15日　初版第2刷発行

内部告発と公益通報者保護法

編　者　角《すみ》　田《だ》　邦《くに》　重《しげ》
　　　　小《こ》　西《にし》　啓《ひろ》　文《ふみ》

発行者　秋　山　　泰

発行所　株式会社　法律文化社
〒603-8053　京都市北区上賀茂岩ヶ垣内町71
電話 075 (791) 7131　FAX 075 (721) 8400
URL:http://www.hou-bun.co.jp/

印刷：中村印刷㈱／製本：㈱藤沢製本
装幀　白沢　正
ISBN 978-4-589-03113-6

後藤勝喜著

現代の雇用と法を考える

四六判・二七〇頁・三九九〇円

非正規雇用の拡大や個別労働紛争の増加など急激に変化する雇用関係の実態を統計資料に基づいて把握し、雇用関係法の改革の流れをたどる。近年の労働立法や判例動向、学説の展開をふまえ、現状と課題をわかりやすく概説。

大橋範雄著

派遣労働と人間の尊厳
—使用者責任と均等待遇原則を中心に—

A5判・二二二頁・三六七五円

規制緩和の進む派遣法に歯止めはかけられないのか。派遣労働関係における使用者責任と労働者の権利を日本とドイツの派遣法の比較をとおして考察・検証し、日本の法のあるべき方向を探る。ドイツ派遣法の全訳を収載。

福原宏幸編著

［シリーズ・新しい社会政策の課題と挑戦第1巻］

社会的排除／包摂と社会政策

A5判・二八〇頁・三四六五円

ヨーロッパ諸国における社会的排除概念の発展と政策への影響を概観。ホームレス、母子世帯、不安定雇用の若者などの事例を取り上げ、社会的排除概念の日本への導入と実践を紹介する。社会格差や貧困などの議論にも言及。

埋橋孝文編著

［シリーズ・新しい社会政策の課題と挑戦第2巻］

ワークフェア　排除から包摂へ？

A5判・二八四頁・三四六五円

ワークフェアは貧困克服の有効な手段になりうるのか。登場の背景から特徴、波及効果と帰結までを分析、検証。ワーキング・プアや就業困難者など近年大きな問題となっている事例から課題を多面的に論じる。